KB203672

말씀의 세 가지 필수 영양소
크리스천
에센스

크리스천 에센스

지은이: 이규학
펴낸이: 원성삼
책임편집: 김지혜
표지 및 본문 디자인: 김경석
펴낸곳: 예영커뮤니케이션
초판 1쇄 발행: 2016년 4월 6일
출판신고 1992년 **3**월 **1**일 제**2-1349**호
136-825 서울시 성북구 성북로**6**가길 **31**
Tel (02)766-8931 Fax (02)766-8934

ISBN 978-89-8350-935-2 (03230)

정가 **12,000**원

www.jeyoung.com

이 도서의 국립중앙도서관 출판예정도서목록(CIP)은 서지정보유통지원시스템 홈페이지(http://seoji.nl.go.kr)와 국가자료공동목록시스템(http://www.nl.go.kr/kolisnet)에서 이용하실 수 있습니다.(CIP제어번호: CIP2016004228)

모든 인간은 하나님의 형상을 닮은 존엄한 존재입니다. 전 세계의 모든 사람들은 인종, 민족, 피부색, 문화, 언어에 관계없이 존귀합니다. 예영커뮤니케이션은 이러한 정신에 근거해 모든 인간이 존귀한 삶을 사는 데 필요한 지식과 문화를 예수 그리스도의 사랑으로 보급함으로써 우리가 속한 사회에 기여하고자 합니다.

이규학 감독의 신앙 길라잡이

말씀의 세 가지 **필수 영양소**

크리스천 에센스

이규학 지음

사도신경으로 고백하고

주기도문으로 기도하고

십계명으로 살아가고

예영커뮤니케이션

추천하는 말

박봉배 박사
전 감신대학교 · 목원대학교 총장

내용의 참신함과 쉽고 간결한 문체로 새신자는 물론 일선 목회자들로부터도 꾸준한 사랑을 받고 있는『새신자 길라잡이』의 저자 이규학 목사께서『크리스천 에센스』라는 좋은 책을 출간하셨습니다.

나는 이 목사님의『크리스천 에센스』를 자세히 읽어 보았습니다. 신학자들은 이런 주제에 신학적인 용어를 많이 사용하기 때문에 일반 성도들이 이해하기 어렵습니다. 그 이유는 기독교 신앙의 근본이 되는 사도신경 ,주기도문, 십계명 등의 신앙 교리가 서구에서 형성되었고 우리 한국의 신학자들이 서구에서 신학을 공부했기 때문입니다. 서구 신학의 전통을 뒤로 하고 기독교의 보배인 주기도문, 사도신경, 십계명을 한국적인 상황에서 평신도들의 언어로 설명하려는 이규학 목사의 시도는 오늘의 신학 현실에서도 귀감이 될 것입니다. 초대교회의 교부들도 진리를 평신도들에게 쉽게 전하려고 노력했기 때문에 그들의 글은 간단명료하고 이해하기가 쉽습니다. 우리 개신교의 문을 연 마르틴 루터도 복음을 평신도들에게 전하기 위해 헬라어, 히브리어 성경을 독일어로 번역하는 놀라운 역사를 일구어 냈습니다. 루터는 성경을 평신도들이 사용하는 일상적인 언어로 번역함으로 독일어의 통합을 가져왔을 뿐 아니라, 오늘날 독일인들을 하나님께로 인도했습니다.

『크리스천 에센스』가 가지고 있는 또 하나의 장점은 사도신경, 주기도문, 십계명을 한 군데 모아 놓았다는 것입니다. 기독교 신앙의 초석이 되는 사도신경, 주기도문, 십계명을 자신이 섬기는 교회의 성도들에게 깨우치기 위해 노력한 한 목사의 노력과 헌신이 이 책에 알알이 담겨 있습니다. 우리가 매일 그리고 주일 예배 때마다 사용하는 사도신경, 주기도문 그리고 십계명에 대하여 정확한 이해를 가지는 것은 성도로서 당연한 일입니다. 우리 기독교인들의 신앙의 기본인 사도신경, 기도의 참된 형식과 내용을 가르쳐 주는 주기도문 그리고 우리들의 일상생활의 지침이 되는 십계명을 올바로 이해하고 우리들의 신앙생활에 실천하는 것은 무엇보다도 중요한 것이기에 이 한 권의 책을 여러분에게 추천하는 바입니다.

머리말

기독교 최고의 유산

당신이 가장 소중하게 여기는 재산은 무엇입니까? 사도신경, 주기도문, 십계명은 성부, 성자, 성령 삼위 하나님께서 교회에 주신 가장 보배로운 유산이며 성도에게 주신 최고의 선물입니다. 성도는 신앙고백으로 구원을 확신하고, 구원의 확신으로 사명자가 됩니다. 사명자는 기도를 통해 주님과 교회와 성도들과 세상을 섬기는 데 필요한 모든 것을 주의 이름으로 공급받습니다. 주의 이름을 부르는 사람들은 십계명을 삶의 원리로 삼아 이 땅에 사는 동안 성스럽고 의로운 삶을 살아가면서 하나님의 거룩한 형상을 회복해 갑니다. 이것이 신앙생활의 원리이며 하나님께서 크리스천 에센스를 주신 목적입니다.

첫 번째 에센스는 사도신경입니다

사랑하는 사람에게 사랑을 고백해 보셨습니까? 예수를 주와 그리스도로 신앙고백하는 사람은 누구든지 구원을 받습니다. 신앙고백은 성령의 역사로 이루어집니다. 성령 하나님은 성도들의 삶을 실질적으로 인도하시는 하나님이십니다. 신앙고백이 분명한 성도들은 성령 충만함으로 하나님께서 주시는 사명을 감당합니다. 사도신경의 본질을 알면 구원의 확신과 흔들리지 않고 사명을 감당할 수 있는 능력이 생깁니다. 사도신경은 성도들이 기쁨으로 신앙을 고백하는 보화 중의 보화입니다.

두 번째 에센스는 주기도문입니다

기도의 응답을 받고 계십니까? 기도 응답은 성도들 삶에 있어 가장 중요한 실존적 가치입니다. 성도는 성령의 역사로 예수를 주와 그리스도로 고백하면서부터 주님과 동행하는 인생을 시작합니다. 주님께서는 성도들에게 풍성한 복을 주고 싶어 하십니다. 주님께서는 주기도를 통해 성도들에게 필요한 모든 것을 주십니다. 주님은 기도하면 응답하시는 주기도문이라는 보배를 우리에게 주신 것입니다. 성도들이 주기도의 본질을 이해하고 기도하면 하늘과 땅을 연결하게 됩니다.

세 번째 에센스는 십계명입니다

하나님을 닮고 싶습니까? 십계명은 하나님 아버지께서 그 자녀들이 하나님의 형상에 이를 수 있도록 우리에게 주신 최고의 매뉴얼입니다. 성도들은 십계명의 본질을 이해하면서 비로소 하나님 백성으로 거룩한 삶을 살 수 있습니다.

성도들이 『크리스천 에센스』 속에 담긴 깊은 맛을 음미하시기를 소원하며 이 책을 엮었습니다. 부디 이 책을 통해 보물을 이 땅이 아닌 하늘에 쌓아 가셔서 하늘의 큰 상급을 받으시기 소원합니다.

주후 2016년 새해 아침

이규학

차례

말씀의 세 가지 **필수 영양소**

크리스천 에센스

세 번째 에센스

십계명

첫 번째 에센스

사도신경

들어가면서

전능하사 천지를 만드신 하나님 아버지를 내가 믿사오며,
그 외아들 우리 주 예수 그리스도를 믿사오니,
이는 성령으로 잉태하사 동정녀 마리아에게 나시고,
'본디오 빌라도'에게 고난을 받으사, 십자가에 못 박혀 죽으시고,
장사한 지 사흘 만에 죽은 자 가운데서 다시 살아나시며,
하늘에 오르사, 전능하신 하나님 우편에 앉아 계시다가,
저리로서 산 자와 죽은 자를 심판하러 오시리라.
성령을 믿사오며, 거룩한 공회와, 성도가 서로 교통하는 것과,
죄를 사하여 주시는 것과, 몸이 다시 사는 것과,
영원히 사는 것을 믿사옵나이다.
아멘.

여행은 즐거워

서울과 제주도는 세계인들이 즐겨 찾는 관광 명소입니다. 여행을 떠나는 사람들에게는 정확하고 세밀한 여행 안내서가 필수적입니다. 좋은 여행 안내서에는 도로 정보, 관광지 정보, 숙박 시설, 음식점 안내 등이 상세하게 기록되어 있어서 초보자도 즐거운 여행을 할 수 있습니다.

사도신경은 교회 생활을 처음 시작한 분들과 기독교를 진지하게 알려고 하시는 분들에게 필요한 최상의 안내서입니다. 예수님은 12제자들에게 사도(使道: Apostle)라는 직분과 함께 사람들을 천국으로 인도하는 복음을 주셨습니다. 사도들은 예수님의 명을 따라 복음을 전했습니다. 사도들이 전한 복음을 교회가 성령의 인도를 받아 세례자들을 중심으로 가르치기 시작한 내용을 사도신경(使道信經) 혹은 사도신조(使道信條)라고 합니다.

첫 번째 에센스

연인들은 밤하늘의 별처럼 수많은 사연을 주고받다가 시기가 무르익으면 따뜻한 눈빛으로 '사랑한다.'고 고백합니다. 사람들이 교회에 출석하면서 시간이 흐르면 성령의 도우심을 따라 하나님을 만나고 믿게 됩니다. 성령의 감동으로 하나님과 사람들 앞에서 하나님에 대해 신앙을 고백하기 시작합니다. 예수님께서 "…누구든지 사람 앞에서 나를 시인하면 인자도 하나님의 사자들 앞에서 그를 시인할 것이요(눅 12:8)."라고 하셨고, "사람이 마음으로 믿어 의에 이르고 입으로 시인하여 구원에 이르느니라(롬 10:10)."고 하셨습니다. 그래서 성도의 신앙고백(信仰告白)은 구원과 직결됩니다.

하나님을 믿는 사람들은 성령의 감동으로 자신의 신앙을 여러 가지 형태로 고백합니다. 예를 들면 "하나님은 창조주이십니다." "예수님은 나의 주 나의 하나님이십니다." "하나님은 나의 생명, 나의 소망입니다." "주님! 감사합니다." "주님 사랑해요." 등이 모두 신앙고백입니다. 성도는 일상생활 가운데 수많은 신앙을 고백하며 살아갑니다. 이러한 신앙고백은 단순히 사람의 감정이나 느낌으로만 말하는 것이 아니라 우리 안에 계시는 성령님의 감동을 따라 말하는 것입니다. 성령 하나님은 성도들 안에, 성도들과 함께 사시면서 성도들의 삶을 인도하십니다. 신앙고백이 분명한 성도가 구원의 확신이 분명하고, 구원의 확신이 분명하면 성령 충만합니다. 성령 충만한 성도가 하나님을 기쁘시게 하며, 풍성한 삶을 누립니다.

신앙고백에는 개인이 일상적인 삶 가운데서 고백하는 것들이 있는가하면 교회가 공인한 신앙고백들이 있습니다. 신앙고백 중에서도 기독교의 핵심을 이루는 신앙고백을 사도신경이라고 합니다. 그래서 우리 기독교 전통에서는 교회에서나 공적인 장소에서 예배를 드릴 경우에는 반드시 사도신경으로 신앙을 고백해 왔습니다. 그러면 성경과 기독교 역사에 많은 신앙고백들이 있는데[1] 왜 사도신경으로 신앙을 고백할까요? 사도신경에는 성도들이 믿는 믿음의 도리가 간단하면서도 가장 명확하게 표현되어 있기 때문입니다.

사도신경의 역사

오늘날 교회에서 예배시간에 사도신경으로 "전능하사 천지를 만드신 하나님 아버지를 내가 믿사오며…영원히 사는 것을 믿사옵나이다."라는 형태의 신앙을 고백하는데, 그 신앙고백의 원형은 마태복음 16장에 나타난 베드로의 신앙고백이라고 할 수 있습니다.

예수님께서 3년 동안 제자들에게 하나님 나라에 들어가는 구원의 복음을 가르치셨습니다. 복음의 핵심은 예수 그리스도께서 인류의 죄를 대신해서 십자가에서 죽으시고 3일 만에 부활하는 것입니다.

---

1 성경에는 성도들의 신앙고백이 매우 다양한 형태로 나타나 있습니다. 시편의 내용은 전체적으로 신앙고백이라고 할 수 있습니다. 신앙고백에는 새로운 새신자들에게 기독교 신앙의 기본을 가르칠 목적으로 주후 3세기경에 완성되어 현재 전 세계의 교회가 공통적으로 사용하는 사도신경이 있고, 각종 이단들이 우후죽순처럼 나타나자 이들을 경계하면서 진리를 바로 세워 가기 위해 4세기경에 만들어진 니케아 신경이 있으며, 근세에 들어와서는 16세기의 웨스트민스터신앙고백, 17세기의 벨직신앙고백, 하이델베르그신경, 돌트신경 등이 있습니다.

주님께서 십자가 지실 날이 가까이 왔습니다. 십자가를 지시려고 예루살렘으로 가시던 주님께서는 그동안 제자들에게 가르친 구원의 진리를 제자들이 잘 알고 믿고 있는지를 가이사랴 빌립보 지방에 이르러서 확인하셨습니다.

"사람들이 나를 누구라고 하더냐?"

"죽은 세례 요한이 다시 살아나신 분이라고 하던데요."

"엘리야 선지자라고도 하던걸요."

"예레미야라고 하는 사람들도 많던데요."

제자들은 각자의 의견들을 주님께 말했습니다. 오늘날에도 예수님을 세계 3대 성인 중의 한 분이라든지, 위대한 인류의 스승이라든지 하는 사람이 많습니다. 그런데 예수님의 관심사는 세상 사람들이 자신에 대해 어떻게 말하는가에 있지 않고 제자들이 자신에 대해 어떻게 생각하고 있느냐 하는 것이었습니다. 그래서 주님은 제자들에게 "좋다. 다른 사람들이 어떻게 말하든 그것은 그리 중요하지 않다. 그런데 너희들은 나를 누구라고 생각하느냐?"라고 물으셨습니다.

"예, 주님은 그리스도이십니다. 그리고 살아 계신 하나님의 아들이십니다."라고 베드로가 제자들을 대표해서 주님을 향한 신앙을 고백합니다.

예수께서 빌립보 가이사랴 지방에 이르러 제자들에게 물어 이르시되 사람들이 인자를 누구라 하느냐 이르되 더러는 세례 요한, 더러는 엘리야, 어떤 이는 예레미야나 선지자 중의 하나라 하나이다 이르시되 너희는 나를 누구라 하느냐(마 16:13-16).

이와 같은 베드로의 신앙고백은 교회의 역사가 진행되면서 지금 우리가 사용하는 "사도신경"의 내용으로 완성됩니다.[2]

예수님께서 가르치신 진리는 성경에 모두 기록되어 있습니다. 따라서 사람들이 기독교에 대하여 깊이 알려고 한다면 66권에 이르는 방대한 분량의 성경을 모두 평생을 배워야 합니다.

그런데 처음 교회에 출석한 사람들에게는 짧은 시간에 기독교의 기본적인 진리를 가르칠 필요가 있습니다. 사도신경은 성경의 중요한 내용을 처음으로 기독교를 대하는 사람들이 이해하기 쉽게 요약해 놓은 것입니다.

사도신경의 구조는 성부, 성자, 성령 하나님과 교회 그리고 세상 마지막에 일어날 일에 대한 다섯 가지 주제를 12항목으로 구분하여

---

2 사도신경의 유래에 대해서는 12사도가 예루살렘에 함께 모여 영감으로 한 구절씩(목차에서 구분한 것처럼) 만들었다는 전승이 있는데 사실 여부를 확인할 수는 없고, 사도신경의 내용은 2세기 로마 교회가 새신자를 위한 세례용 교육과 성도들의 기본 신앙 교육 그리고 이단 판정을 위한 기준으로 사용한 "신앙의 규율(*Rule of Faith*)"이라는 문서에 처음으로 나타납니다. 그 후 사도신경은 주후 325년 니케아 회의, 381년의 콘스탄티노플 회의, 431년 에베소 회의, 451년 칼케돈 회의를 거치면서 오늘날과 같은 형태로 확정이 되었는데 주로 이단에 대항하여 정통 기독교 신앙을 천명하고 성도들에게 신앙의 기초를 가르치기 위해서였습니다. 니케아 회의에서 최초로 공식 확정이 되었기 때문에 사도신경을 니케아신경이라고도 합니다. 루터와 칼빈도 사도신경을 기초로 하여 신앙문답서를 만들었습니다.

가르칩니다.[3] 이러한 가르침을 통해 우리는 삼위일체 하나님의 성품과 사역, 주님의 몸 된 교회 그리고 세상의 마지막에 될 일들에 대한 믿음을 소유합니다. 시대는 변하지만 진리는 변함이 없습니다. 우리는 초대교회 신앙의 선진들이 성경을 통해, 성령의 가르치심으로 깨달은 진리를 깊이 있게 배움으로써 우리의 신앙을 반석 위에 세워 갈 수 있습니다.

사도신경을 배우는 목적

1) 구원을 확신하고 성숙한 성도가 됩니다

사도신경을 통해 구원의 확신을 체험하게 됩니다. 죄 사함과 천국에 대한 소망을 안고 살아갈 수 있는 영적 은혜를 경험할 것입니다. 더불어 예수 그리스도의 장성한 분량에 이르도록 성장할 수 있습니다.

2) 교회는 축복의 통로임을 알게 됩니다

교회는 하나님께서 복을 주시는 통로입니다. 교회는 이 땅에 존

---

3 성자 예수님에 관해서 그의 출생, 고난, 죽음, 장사됨, 부활, 승천, 재림의 6가지 항목을 가르치며, 성도에 관하여는 사죄, 부활, 영생의 3가지 항목이, 성부, 성령, 교회에 대해서는 각각 한 가지 항목을 가르칩니다.

재하는 주님의 몸이기 때문입니다. 초대교회도 고린도 교회의 경우처럼 때로는 다툼과 분쟁이 있었지만, 여러 지역에 흩어진 모든 교회가 주님의 한 몸이라는 인식은 매우 분명했습니다. 에베소서 4장 5-6절에 기록된 바와 같이 성령도 한 분이시고, 주님도 한 분이시며, 하나님도 한 분이시고 신앙과 세례도 하나입니다. 초대교회는 언제나 하나로 통일되었으며, 하나님은 주님의 몸이신 교회를 통해 축복하셨습니다. 사도신경은 이러한 신앙의 정신을 바탕으로 만들어진 것입니다.

3) 이단을 방지합니다

초대교회부터 지금까지 "내가 하나님이다, 내가 예수다." 하는 거짓 예수가 수없이 나타나 사람들을 현혹하여 가정은 물론 사회를 어지럽게 했습니다. 주님께서는 이단들이 일어날 것을 경계하셨습니다(마 16:6, 24:4). 주님의 경고처럼 교회는 초대교회부터 지금까지 다른 종교나 이단들로부터 끈임없는 도전을 받았습니다. 초대교회에도 이런 현상이 광범위하게 나타났습니다(갈 5:20; 딛 3:10; 벧후 2:1; 요일 2:18, 4:4; 요이 1:7 등). 그런데 그들 이단 사상을 정면으로 반박하고 기독교 신앙을 굳게 지키기 위해서는 사도신경과 같은 조직화된 신앙 체계가 필요했습니다. 사도신경이 신앙의 표준이 되어서 이단을 구분하는 시금석이 되었습니다.

4) 헌신적인 삶을 통해 축복받는 인생이 열립니다

사도신경을 통한 올바른 삶을 배우고 체험하게 되면, 우리의 신앙이 균형 있게 성장합니다. 교회에 헌신하는 삶을 살 수 있게 되는 것입니다. 이것은 하늘의 축복의 문을 여는 열쇠입니다. 시도신경을 잘 배워 축복이 넘치는 존귀한 사명자의 삶을 사는 것입니다.

사도신경을 통해

사도신경은 "내가 믿습니다."라는 믿음의 고백입니다. 물론 성도는 성경을 전체적으로, 즉 창세기부터 요한계시록까지를 모두 믿습니다. 그런데 성경 66권에서 가장 중요하게 여기는 것들을 사도신경에 담아 신앙으로 고백하게 한 것입니다. 신앙을 고백하는 믿음의 주체는 '나'입니다.

1. 내가 천지를 만드신 하나님을 믿으며
2. 내가 세상을 다스리시는 하나님을 아버지로 믿으며
3. 내가 예수님을 세상의 구세주이심을 믿으며
4. 내가 예수님을 나의 주(主)로 믿으며
5. 내가 예수님께서 십자가에서 죽으신 것을 믿으며
6. 내가 주님께서 죽음에서 부활하신 것을 믿으며

7. 내가 성령 하나님을 믿으며
8. 내가 거룩한 교회를 믿으며
9. 내가 성도가 교제하는 것을 믿으며
10. 내가 죄를 용서해 주시는 것을 믿으며
11. 내가 몸의 부활을 믿으며
12. 내가 마지막 심판을 믿습니다.

누구든지 위의 진리를 믿는 사람은 하나님의 나라에 들어갈 자격이 있습니다. 기독교에서 구원에 이르는 믿음은 성부, 성자, 성령 하나님을 아는 지식입니다.

우리가 교회에서 예배를 드리는 중에 "하나님 아버지를 내가 믿사오며…."라는 신앙고백은 '성부, 성자, 성령 하나님을 믿는다.'는 고백입니다. 이것이 성경에 나타난 '신앙고백'입니다.

1장

전능하사 천지를 만드신 하나님 아버지를 내가 믿사오며

전능하사 천지를 만드신 하나님 아버지를 내가 믿사오며,
그 외아들 우리 주 예수 그리스도를 믿사오니,
이는 성령으로 잉태하사 동정녀 마리아에게 나시고,
'본디오 빌라도'에게 고난을 받으사, 십자가에 못 박혀 죽으시고,
장사한 지 사흘 만에 죽은 자 가운데서 다시 살아나시며,
하늘에 오르사, 전능하신 하나님 우편에 앉아 계시다가,
저리로서 산 자와 죽은 자를 심판하러 오시리라.
성령을 믿사오며, 거룩한 공회와, 성도가 서로 교통하는 것과,
죄를 사하여 주시는 것과, 몸이 다시 사는 것과,
영원히 사는 것을 믿사옵나이다.
아멘.

1. 전능하사

> 전능하신 이 여호와 하나님께서 말씀하사 해 돋는 데서부터 지는 데까지 세상을 부르셨도다(시 50:1).

전능하신 하나님

사도신경은 '전능하사 천지를 만드신 하나님'으로 시작합니다. 하나님의 전능성은 하나님께서 원하시는 것은 무엇이나 행하실 수 있는 능력이 있다는 의미입니다. 하나님께서 아브라함에게 '나는 전능한 하나님'이라 하셨고, "…주에게는 할 수 없는 일이 없으시니이다(렘 32:17)."라고 하셨습니다. 하나님의 전능성이란 하나님의 완전성과 조화, 일치되는 것은 무엇이나 행하실 수 있다는 뜻입니다. 때문에 하나님은 하나님의 본성과 모순되는 것은 행하실 수 없습니다. 하나님은 부정을 할 수 없으시고(딤후 2:13), 거짓말을 할 수 없으시며(히 6:8), 죄를 지을 수 없으시며(약 1:13), 불합리한 일은 할 수 없으십니다. 하나님의 전능하심과 악을 용서하지 아니하는 성품은 인류 역사 안에서 악에 대한 심판, 사탄의 권세와 사망 권세에 대한 심판으로 나타났습니다. 하나님께서는 하늘과 땅을 심판하시는 최후 심판

때에 사탄의 권세와 사망 권세를 완전히 정복하실 것입니다.

하나님만 가지고 계시는 성품

성경에 나타난 전능하신 하나님의 성품은 크게 두 가지로 구분할 수 있습니다. 하나는 하나님만 소유하실 수 있는 성품으로서, 이를 '절대적 속성' 또는 '비공유적 속성'이라고 하는데 자존성, 불변성, 무한성, 단순성이 있습니다.

1) 스스로 계시는 하나님(자존성)

하나님 외의 온 세상에 존재하는 모든 것들은 그 존재의 근원을 자기 밖의 어떤 것에 의존할 수밖에 없습니다. 이를테면 집마다 지은 이가 있듯이(히 3:4) 인간의 존재도 영원하지 못하며, 인간 스스로 자신을 존재하게 할 수도 없습니다. 인간은 자신의 의지와는 전혀 무관하게 탄생하며 과거의 어떤 시점부터 존재하게 되어 있습니다. 인간뿐만 아니라 모든 존재들이 스스로 존재하게 할 수 없습니다. 그러나 하나님은 자기 밖의 어떤 것에게도 자신의 존재 원인을 의존하지 않고 독자적으로 존재하십니다. 그래서 하나님은 모세에게 "나는 스스로 있는 자이니라(I AM THAT I AM, 출 3:14)."고 하셨습니다. '스스로 있는 자'라고 하는 이 이름은 대단히 중요한 뜻을 지니고 있습니다. 이 이름의 본질적 의미는 '자존'과 '인격체'라는 사실입니다. 이 말씀은 곧 "옛적에도 계셨고 지금도 계신(계 11:17)" 영원하신 하나님을 뜻합니다. 이 이름은 히브리어에서 하나님을 가르치는 개인적 칭호인 '여호와(JEHOVAH)'의 기원으로 구약성경에서 무려 6,000번 이상이나 나타납니다.[4]

2) 변함없으신 하나님(불변성)

하나님의 불변성은 하나님께서 그의 성품과 목적에 있어서 변함이 없다는 것을 의미합니다. 인간을 포함한 모든 피조물들은 시간의 경과에 따라 생성, 발전, 쇠퇴, 소멸하는 과정이 존재합니다.[5] 그러나 하나님은 발전이나 자기 진보의 어떤 과정에도 속하지 아니하십니다. 그는 영원히 변하시지 않으십니다. "나 여호와는 변하지 아니하나니…(말 3:6)."라고 하셨고, "…그는 변함도 없으시고 회전하는 그림자도 없으시니라(약 1:17)."고 하셨습니다. 만일 하나님께서 변하신다면 그것은 곧 하나님도 피조물과 똑같이 불완전하다는 것을 증명하는 결과가 될 것입니다.

하나님께서 변하지 않으신다는 것은 우리에게 매우 중요합니다.

---

4 이 일을 누가 행하였느냐 누가 이루었느냐 누가 처음부터 만대를 불러내었느냐 나 여호와라 처음에도 나요 나중 있을 자에게도 내가 곧 그니라(사 41:4).

5 천지는 없어지려니와 주는 영존하시겠고 그것들은 다 옷 같이 낡으리니 의복 같이 바꾸시면 바뀌려니와 주는 한결같으시고 주의 연대는 무궁하리이다(시 102:26-27).

하나님의 불변성은 하나님의 신실성을 의미하기 때문입니다. 즉 하나님께서는 인간을 향해 맺으신 그의 관계를 변함없이 지속시킬 수 있다는 말씀입니다. 하나님은 신실하신 까닭에 인간과 맺은 약속은 어떠한 경우라도 결코 변경하시지 않고 이루십니다.

3) 무한하신 하나님(무한성)

하나님의 무한성은 하나님의 존재와 관련시켜서 절대적 완전성이라 하고, 시간과 관련시켜서는 영원성이라 하며, 공간과 관련시켜서는 편재성이라 합니다. 먼저 하나님의 존재와 관련한 하나님의 무한하신 능력은 힘의 절대성을 의미하기보다는 쇠잔되지 않는 힘의 근원되심을 의미합니다. 하나님의 거룩은 모든 결함이나 제약으로부터 자유로운 거룩이며, 하나님의 지혜와 사랑도 마찬가지입니다.

시간과 관련해서 하나님은 영원하십니다. 현상 세계는 언제나 과거와 현재와 미래라는 시간의 형식 속에서 존재합니다. 그러나 하나님께는 이러한 시간의 형식이 필요하지 않고, 일체의 시간적인 제약을 초월하심으로 무한하십니다. 인간에게 있어서 과거와 미래는 다만 하나님께 현재일 뿐입니다. 그래서 "나는 알파와 오메가라 이제도 있고 전에도 있었고 장차 올 자요 전능한 자(계 1:8)"라고 하셨습니다.

공간과 관련된 하나님의 무한성을 생각해 보겠습니다. 인간과 모든 우주 만물은 공간의 제한을 받습니다. 우리는 집이든 직장이든 어느 한곳에만 존재할 뿐 결코 양쪽 다 존재할 수는 없습니다. 그러나 하나님은 어느 곳에든지 존재하십니다. 공간의 어떤 일부분이나 사람이 만든 공간에 계시는 것이 아니라(행 17:28-29) 모든 공간을 채우시면서, 모든 피조물 가운데 거하시지만, 공간에 의해 제한을 받지 않습니다. 하나님은 무소부재하십니다.[6]

4) 단일하신 하나님(단순성)

하나님의 단순성(simplicity)은 하나님의 단일성(unity) 안에 있는 단수성(singularity)입니다. 단수성은 하나님은 한 분이심을 설명합니다. 그리고 단순성은 한 분이신 하나님 안에 전지, 전능, 영원, 불변 등과 같은 여러 가지 속성들이 존재하는데 이 속성들이 하나님의 본체와 분리할 수 없는 하나이지만 서로 혼합되어 있지 않습니다. 즉 본체 안에 속성이 충만히 있고 각 속성 안에 본체가 충만하나, 본체와 각 속성은 완전히 하나입니다. 이러한 하나님의 단순성은 십자가에서 완전히 나타났습니다. 하나님은 십자가에서 자신의 사랑과 공의의 속성을 완전히 드러내셨습니다. 하나님은 십자가에서 자신의 독생자를 죽임으로 공의를 만족시키시고, 동시에 인간의 죄를 구속

---

6 내가 주의 영을 떠나 어디로 가며 주의 앞에서 어디로 피하리이까 내가 하늘에 올라갈지라도 거기 계시며 스올에 내 자리를 펼지라도 거기 계시니이다 내가 새벽 날개를 치며 바다 끝에 가서 거주할지라도 거기서도 주의 손이 나를 인도하시며 주의 오른손이 나를 붙드시리이다(시 139:7-10).
여호와의 말씀이니라 사람이 내게 보이지 아니하려고 누가 자신을 은밀한 곳에 숨길 수 있겠느냐 여호와가 말하노라 나는 천지에 충만하지 아니하냐(렘 23:24).

하심으로 사랑도 만족시키셨습니다. 하나님은 100% 사랑하시면서도 100% 공의로우실 수 있는 분이십니다.

하나님께서 사람들과 공유하시는 성품

하나님의 성품이면서 하나님께서 인간을 창조하실 적에 인간에게도 부여하여 인간도 소유하고 있는 속성을 '상대적 속성' 또는 '공유적 속성'이라고 합니다. 그런데 공유적 속성은 인간이 가질 수 있는 속성이기는 하지만 인간이 가지는 것은 유한하고 불완전하나 하나님께는 무한하고 완전한 성품인 것입니다. 이 성품 때문에 인간을 하나님의 형상이라고 합니다.

1) 지식(知識)

하나님의 지식이란 하나님께서는 하나님 자신과(고전 2:11), 만사와(시 147:4; 마 10:29), 과거와 현재와 미래를 다 아시는 하나님의 완전성입니다. 히브리서 4장 13절에는 "지으신 것이 하나도 그 앞에 나타나지 않음이 없고 우리의 결산을 받으실 이의 눈 앞에 만물이 벌거벗은 것 같이 드러나느니라."고 하셨습니다. 그런데 하나님의 이 지식은 외부로부터 배우고 습득된 것이 아니라 하나님의 성품 안에 항상 현존하십니다. 이를 총괄적이므로 '하나님은 전지(全知)하시다.'라고 말합니다.

2) 지혜(智慧)

하나님의 지혜는 하나님께서 의도하신 목적을 달성하기 위해 가장 합당한 방법을 적용하는 데서 나타나는 하나님의 능력을 말합니다. 이 능력은 최선의 방법이며 덕행입니다. 그리고 그 궁극적인 목적은 하나님 자신의 영광입니다. "깊도다 하나님의 지혜와 지식의 풍성함이여, 그의 판단은 헤아리지 못할 것이며(롬 11:33)."라고 합니다. 하나님께서는 그의 지식을 가장 합당하게 쓰십니다. 인간에게는 가진 지식을 합당하게 쓰기에 필요한 지혜가 부족합니다. 때문에 인간은 끊임없이 실수합니다. 그러나 하나님의 지혜는 무한하시기 때문에 하나님께서 계획하신 일을 이루시기에 넉넉합니다.

3) 선(善)

하나님의 선은 모든 피조물을 관대하고 사랑으로 다루시는 하나님의 완전성을 말합니다. 이것은 하나님께서 그 피조물에 대해 가지신 애정의 충만함을 드러내기 위하여 하나님의 자비하심 혹은 일반은총(general grace)이라 칭하기도 합니다. 하나님의 손은 큰 동물에서 작은 식물에 이르기까지 그의 모든 피조물을 먹이시고 기르십니다. 또한 우리 인류에게는 생명의 모든 필요를 풍요롭게 공급하십니다. 공기와 물과 태양의 빛과 열, 이 모든 것이 값없이 주어집니다. 그래서 시편 기자는 “주는 선하사 사죄하기를 즐거워하시며 주께 부르짖는 자에게 인자함이 후하심이니이다(시 86:5).”라고 고백했습니다.

4) 사랑(愛)

사랑은 하나님의 가장 중심적인 성품으로 하나님께서 자신의 무한하신 완전성으로 지으신 피조물을 향한 기쁨을 의미합니다. 그런데 이러한 하나님의 사랑은 하나님의 은총, 하나님의 자비, 하나님의 관용으로 나타납니다. 하나님의 은총이란 마땅히 정죄받고 심판 받아야 할 인간을 향한 하나님의 넘치는 사랑을 말합니다.[7] 또 하나님의 자비란, 죄로 인해 비참함과 비통에 빠져 있는 가련한 인간을 향한 무조건적인 사랑을 말합니다.[8] 하나님의 관용이란 인간의 고질적인 고집과 사악을 오래 참아 주시고 심판을 연기해 주시는 사랑을 말합니다.[9] 하나님의 사랑은 사랑받을 가치가 전혀 없는 범죄한 인간을 사랑하시되 끝까지 사랑하시는 지극한 사랑입니다.

---

7 이는 그가 사랑하시는 자 안에서 우리에게 거저 주시는 바 그의 은혜의 영광을 찬미하게 하려는 것이라 우리는 그리스도 안에서 그의 은혜의 풍성함을 따라 그의 피로 말미암아 속량 곧 죄 사함을 받았느니라(엡 1:6-7).

8 긍휼이 풍성하신 하나님이 우리를 사랑하신 그 큰 사랑을 인하여 허물로 죽은 우리를 그리스도와 함께 살리셨고…(엡 2:4-5).

9 또 우리 주의 오래 참으심이 구원이 될 줄로 여기라…(벧후 3:15).

5) 거룩(聖)

거룩함을 뜻하는 히브리어 '카도쉬(קדש)'는 구별됨을 의미합니다. 거룩은 하나님의 속성 중에서 가장 일반적이고 포괄적인 속성입니다. 이것은 하나님은 모든 피조물과 구별되시며, 무한한 위엄으로 그들을 초월하시는 신적, 윤리적 완전성, 즉 하나님께서 모든 도덕적 불순성이나 죄로부터 구별되시는 도덕적 완전성을 의미합니다.[10] 하나님은 "…내가 거룩하니 너희도 거룩할지어다(레 11:45)."라고 하십니다.

6) 의(義)

의란 하나님의 거룩하심이 역사 가운데 표현되는 것을 말합니다. 거룩하심은 하나님의 인격과 관계된 것이지만 하나님의 거룩하심이 사람과의 관계에서는 의로서 나타나는데, 하나님과 관계를 맺는 백성을 철저히 보호하시고, 심지어는 편애하는 것으로 나타납니다. 그러므로 성경에서 의로운 사람이란 도덕, 윤리적으로 흠이 없는 사람을 뜻하지 않습니다. 의로운 사람이란 모든 의로움의 궁극적 표준이신 하나님과 바른 관계에 있는 사람을 말합니다. 하나님과의 바른 관계는 예수 그리스도를 향한 믿음을 통해 형성됩니다.

---

10 여호와와 같이 거룩하신 이가 없으시니 이는 주 밖에 다른 이가 없고 우리 하나님 같은 반석도 없으심이니이다(삼상 2:2).

2. 천지를 만드신

태초에 하나님이 천지를 창조하시니라(창 1:1).

하나님께서 말씀으로 세상을 창조하시다

천지 만물은 하나님의 말씀으로 지어졌습니다. 하나님 말씀은 하나님의 능력의 표현이며, 하나님 말씀은 성경의 권능이고, 하나님 말씀은 예수 그리스도를 상징합니다. 그래서 우리 성도들은 "믿음으로 모든 세계가 하나님의 말씀으로 지어진 줄을 우리가 아나니…(히 11:3)."라고 합니다. 성경은 첫 장부터 계속해서 "하나님께서 이르시되…있으라." 하심으로 아무 것도 없는 중에서 삼라만상이 만들어졌다고 선포합니다. 천지 만물은 진화의 과정을 거치기 위해 수백만 년 또는 수억만 년의 시간을 기다리지 않았습니다. 하나님의 말씀의 능력은 만물에 대해 즉각적이고도 완전한 결과를 이루었습니다. 이 능력의 말씀이 우리의 구원의 근거요 은혜 체험의 원인입니다. 우리 기독교는 하나님께서 주신 성경 말씀을 최고의 권위로 삼습니다. 그래서 교회는 말씀에 순종하고 헌신하는 공동체입니다.

하나님은 창조하신 세상을 사랑하신다

하나님께서 세상을 창조하신 것은 하나님께서 사랑이시기 때문입니다. 사랑은 반드시 대상이 있습니다. 인간과 세계는 하나님의 사랑 때문에 만들어진 대상입니다. 그러므로 세계는 하나님의 영광을 위하여 존재하며, 창조 신앙은 자기를 존재하게 하신 하나님의 사랑과 은혜를 고백하고 표현하는 것입니다. 하나님께서 세상을 창조하셨다고 하는 것은 이 세상의 존엄성을 인정하고 현실을 존중히 여기며, 사람들로 하여금 하나님을 경외하는 마음을 일으키게 하고 또한 모든 피조물에 대한 연대감을 굳게 해 줍니다. 그래서 인간은 서로 분열하고 싸우며 미워할 것이 아니라, 창조주이신 한 분 하나님 앞에서 한 가족, 하나가 되어 하나님을 찬양해야 하는 것입니다.

하나님 보시기에 심히 좋았더라

하나님의 솜씨는 더 이상 손볼 것이 없이 완전합니다. 창세기 1장에서 하나님의 손으로부터 비롯된 어떤 것도 불완전하다는 말씀이 없습니다. 하나님께서는 천지 만물을 만드시고 "좋았더라."라는 말씀을 7번이나 하셨습니다. 특히 사람을 만드시고는 "심히 좋았더라."고 말씀하셨습니다. 이것은 하나님께서 하신 일의 완전하심을 표현하기 위해 반복해서 사용된 용어인 것입니다. 많은 사람들이 말하듯이 우리가 살고 있는 지구는 아름다움으로 충만하여 보기에 심히 좋은 곳입니다. 우리 성도들과 교회가 하나님이 보시기에 심히 좋아야 합니다. 어떻게 하면 하나님이 보시기에 심히 좋을까요? 서로 사랑하고 이웃을, 세상을 복음으로 섬기는 교회가 하나님이 보시기에, 사람들이 보기에 좋을 것입니다.

하나님께서 영적 세계도 창조하시다

하나님께서는 눈에 보이는 세계와 보이지 않는 영적 세계를 창조하셨습니다. 하나님은 창조하신 영물들에게 각각의 직무를 맡기셨습니다(창 3:24; 출 25:18; 사 37:16). 스랍은 이사야 6장 3절에서 "…거룩하다 거룩하다 거룩하다 만군의 여호와여 그의 영광이 온 땅에 충만하도다…."라고 세 번의 거룩송으로 하나님을 경배하면서 하나님께 시종 들고 찬양하는 직무를 맡은 존재로 나타납니다. 가브리엘 천사장은 신적 계시의 전달자요 해석자이며(단 8:16; 눅 1:19), 미가엘 천사장은 영계의 악한 권세를 대적하는 천사입니다(단 10:13; 유 1:9; 계 12:7). 영물 가운데 가장 많이 언급되는 존재는 역시 천사입니다. 이들은 시편 103편 21절에 나타난 것처럼 하나님께 시종 들고 봉사하며, 성도들을 인도하며 보호하는 직무를 맡았습니다(창 24:7). 천사를 이끄는 우두머리 천사를 천사장이라고 합니다.

하나님을 대적한 타락한 천사들

'마귀', '사탄'이라고 불리는 악한 천사도 처음에는 선한 천사로 지음을 받았습니다. 타락한 천사들은 유다서 1장 6절에 나타난 바에 의하면 '자기 지위를 지키지 아니하고 자기 처소를 떠난' 천사들입니다. 그들은 하나님의 피조물임에도 하나님의 지위를 넘보는 악한 존재들입니다. 사탄은 영적인 존재이면서 초인간적인 힘을 소유했지만 전능자는 아닙니다. 그는 막강한 영향력을 행사하지만 한정된 범위를 벗어나지는 못합니다(마 12:29; 계 20:2). 하나님을 거역하고 떠나 있기에 결국은 불과 유황 못에 던지어질 운명에 처해 있는 것입니다(계 20:10). '귀신', '악령'은 마귀와 함께 타락한 천사들의 무리들입니다. 예수님께서는 그 무리를 총괄해서 "마귀와 그의 사자들(마 25:41)"이라고 부르셨습니다.

마귀를 대적하라

마귀는 성도를 '시험하는 일(마 4:3; 살전 3:5)'을 합니다. 마귀는 항상 사람들을 이끌어 시험에 들고 죄로 타락하게 하는 것입니다. 누가복음 22장 31절에 베드로도 그의 시험에 넘어가 '밀 까부르 듯한' 조롱을 당했습니다. 사탄은 그같은 일을 위해서 스스로 "광명한 천사(고후 11:14)"로 가장하기도 합니다. 그는 또한 하나님과 그의 백성들을 대적하는 일을 합니다. 욥기 1장 7절과 2장 2절에 나타난 것처럼 그는 쉼 없이 땅에 두루 돌아다니며 삼킬 자를 찾습니다(벧전 5:8). 그리고는 하나님 앞에서 성도들을 "참소 하는 일(계 12:10)"을 합니다. 마귀는 또한 공공연하게 하나님의 역사를 방해합니다. 그는 천국의 아들들 가운데 가라지를 덧뿌리기도 하고(마 13:25), 유다의 배신을 사주하기도 했으며(요 13:27), 예수님의 사역 초기에는 구속 사역을 방해하려고 직접 나타나 시험하기도 했습니다(마 4:1-11).

성도는 "마귀를 대적하라(약 4:7)."는 권면과 함께 깨어 있으라는 명령을 듣습니다(마 24:42, 26:38, 41 등). 깨어 있지 못하면 마귀의 공격을 이겨 낼 수 없습니다.

하나님께서 사람을 창조하시다

하나님께서 사람을 창조하실 때 "흙으로 사람을 지으시고 생기를 그 코에 불어넣으시니 사람이 생령이 되니라(창 2:7)."고 했습니다. 사람은 천지 창조와 마찬가지로 하나님에 의해서, 하나님의 뜻에 따라 만들어졌으며 하나님께서 생기를 불어넣어 살게 되었습니다. 따라서 성경적 인간관은 창조자에 대한 신앙과 결합되어 있습니다. 사람은 하나님에 의해 창조되었기 때문에 스스로를 위하여 마음 내키는 대로 살아가는 자가 아니라 근본적으로 하나님의 영광을 위하여 사는 존재입니다.

하나님의 형상을 따라 사람을 창조하시다

창세기 1장 27절에는 인간이 '하나님의 형상대로' 창조되었다고 되어 있습니다. 인간이 하나님의 형상으로 창조되었다는 것은 첫째로 인간은 하나님의 모습대로 창조되었기 때문에 다른 피조물과는 다르며, 다른 피조물을 다스리도록 허락받았음을 말하는 것입니다. 즉 인간은 모든 피조물의 으뜸이며 하나님에 의해서 그 대표로 인정되었습니다.[11]

둘째로 '하나님의 형상'이란 인간이 하나님의 지혜와 의지와 자유를 받았음을 뜻하는 것입니다. 인간은 피조물이면서 다른 피조물과는 구별되는 존재로 창조되었습니다. 즉 하나님을 닮은 것을 스스로

---

11 하나님이 그들에게 복을 주시며 하나님이 그들에게 이르시되 생육하고 번성하여 땅에 충만하라, 땅을 정복하라, 바다의 물고기와 하늘의 새와 땅에 움직이는 모든 생물을 다스리라 하시니라(창 1:28).

알고, 하나님을 의지하며 창조적으로 행동할 수 있는 기능을 부여받았다는 것입니다.

셋째로 '하나님의 형상'대로 창조하셨다는 것은 하나님과 인간 사이에 사귐의 관계가 있는 것입니다. 만물 가운데서 인간만이 하나님의 부르심을 받고 거기에 대하여 자유로 결단하며 하나님께 응답하는 책임이 주어진 존재로 창조되었음을 뜻합니다. 하나님의 형상대로 지음을 받았다는 것은 인간이 하나님의 인격성과 도덕적인 속성과 영원성을 닮았다는 것입니다. 성경은 하나님의 지식, 의, 진리, 거룩함이 하나님의 형상이라고 말하고 있습니다.[12]

마지막으로 '하나님의 형상'은 인간이 하나님을 닮은 창조자임을 의미합니다. 이는 인간이 하나님처럼 새로운 세상을 창조한다는 의미가 아니라 예술 작품이나 과학 기술의 개발, 인간관계에 있어서 다른 사람들에게 새로운 의미를 안겨 줄 것들을 선택하여 행할 수 있다는 의미입니다. 우리가 삶 속에서 끊임없이 행하고 있는 모든 선택들은 그 안에 심오한 창조성을 내포하고 있습니다. 우리가 직면하는 모든 상황에서 우리 앞에는 하나님의 형상을 소유한 자로서 창조적인 능력을 발휘하도록 하는 새로운 가능성들이 끊임없이 펼쳐지고 있는 것입니다.

---

12 하나님을 따라 의와 진리의 거룩함으로 지으심을 받은 새 사람을 입으라(엡 4:24). 새 사람을 입었으니 이는 자기를 창조하신 이의 형상을 따라 지식에까지 새롭게 하심을 받는 자니라(골 3:10).

남자와 여자로 창조하시다

인간은 남자와 여자로 창조되어 각기 자유로운 인격으로 태어났습니다.[13] 그러므로 인간은 고독한 존재가 아니라 남자와 여자가 육체와 정신을 포함한 전인적인 사귐의 존재이며 거기서 부모와 자녀, 친구, 민족 등의 사귐이 전개되어 가는 것입니다.

그것은 또한 인간과 인간 사이의 관계를 잘 설정해 줍니다. 인간과 인간 사이에는 성별의 구별과 사회적인 지위, 경제적인 차이는 있을 수 있으나 결코 인간을 종속하거나 수단화하여서는 안 된다는 것을 교훈하고 있습니다. 또 여자가 남자의 육체의 일부로서 만들어졌다는 것은 남자와 여자가 다 같이 하나님의 형상대로 창조된 인류이며, 특히 갈빗대를 취하여 만든 것은 남자와 여자는 생리적인 구분은 있으나 둘 사이에 차등은 없고 대등한 위치에서 서로 협조해야 함을 가르칩니다.

창조와 섭리

창세기 2장 3절에 보면 “하나님이 그 일곱째 날을 복되게 하사 거

---

13 …사람을 창조하시되 남자와 여자를 창조하시고(창 1:27).

룩하게 하셨으니 이는 하나님이 그 창조하시며 만드시던 모든 일을 마치시고 그날에 안식하셨음이니라."고 말씀합니다. 하나님께서는 6일에 걸쳐 모든 천지 만물을 창조하셨습니다. 그러나 이 일로 하나님의 창조적 활동과 모든 통치가 끝난 것은 결코 아닙니다. 하나님께서는 천지 만물을 창조하신 후에도 여전히 그 창조하신 만물을 보존하시고 협력하시고 통치하고 계십니다. 이를 '하나님의 섭리'라고 합니다.

1) 보존

보존이란 하나님께서 창조하신 천지 만물을 보호하고 유지시키신다는 뜻입니다.[14] 피조물의 존재는 한 번 태어난 후 스스로 존재하는 듯하지만 절대로 그런 것이 아닙니다. 하나님께서 권능의 계속적인 행사를 통한 보존하시기를 그치시면 만물은 본래의 상태인 무(無)로 돌아간다는 것입니다. 우리가 매일매일 대하는 만물도 하나님께서 보존하고 계시기 때문에 정한 기간 동안 존재하는 것입니다. 우리 자신도 마찬가지입니다. 하나님의 보존하시는 은혜 없이 스스로 존재할 수 있는 것은 아무것도 없습니다. 보존은 하나님께서 모든 피조물을 향해 베푸시는 한량없는 은혜입니다. 그 은혜를 힘입어 성

---

14 오직 주는 여호와시라 하늘과 하늘들의 하늘과 일월 성신과 땅과 땅 위의 만물과 바다와 그 가운데 모든 것을 지으시고 다 보존하시오니 모든 천군이 주께 경배하나이다(느 9:6).

령의 도우심을 따라 지금까지 살아왔습니다. 받은 은혜를 보존하면서 주님의 몸 된 교회를 더욱 섬기며 사는 것이 성도의 본분입니다.

2) 협력

협력이란 하나님께서 그가 창조하신 모든 피조물과 협력하시며 피조물로 하여금 그것들이 해야 할 일을 정확하게 행하도록 역사하시는 하나님의 사역을 말합니다.

인간의 능력은 역사적 시간 안에서 이루어지는 불완전하고 상대적인 행위이기 때문에 인간의 능력이 미치지 못하는 영원하고도 절대적 계획의 실현을 위해서는 하나님의 협력이 있어야 가능합니다.

인간의 의지나 지식, 자연의 힘은 하나님이 부여하신 것입니다. 때문에 하나님의 도우심 없이는 어느 한 부분을 독자적으로 분담하지 못합니다.[15] 그래서 하나님께서는 우리가 하나님과 함께 일하시기를 기뻐하십니다.

3) 통치

통치란 하나님께서 만물을 그들의 존재하는 뜻에 적합하도록 다스리시는 하나님의 계속적인 활동입니다. 통치, 즉 다스린다는 말은 무

---

15 우리가 알거니와 하나님을 사랑하는 자 곧 그의 뜻대로 부르심을 입은 자들에게는 모든 것이 합력하여 선을 이루느니라(롬 8:28).

엇에 그 목적을 정해 주고 그 목적 달성에 합당한 방법을 사용하는 것을 의미합니다. 그것은 마치 캄캄한 대지를 밝히기 위해 태양 광선이 첫 순간에만 필요한 것이 아니라 계속해서 필요한 것과 같이 만물이 유지되기 위해서는 계속적인 다스림이 필요함을 의미합니다.[16]

3. 하나님 아버지를 내가 믿사오며

> 너희가 아들이므로 하나님이 그 아들의 영을 우리 마음 가운데 보내사 아바 아버지라 부르게 하셨느니라(**갈 4:6**).

하나님의 이름

사람의 이름에는 그 사람의 인격과 특징이 나타납니다. 하나님의 이름에도 그분의 성품과 인격이 깃들어 있습니다. 따라서 우리는 성경에 여러 모양으로 계시된 하나님의 이름을 통해 하나님이 어떤 분이신지를 알 수 있습니다.[17]

---

16 여호와께서 그의 보좌를 하늘에 세우시고 그의 왕권으로 만유를 다스리시도다 (시 103:19).

17 신 존재에 대한 여러 가지 논증들이 있다. 존재론적 논증(the ontological argument)

은 안셀름(Anselm)에 의해 완성된 형태로 진술되었다. 유한하고 불완전한 인간은 비록 흐릿하게나마 절대적이며 완전한 존재인 신에 대한 관념을 가지고 있는데, 이러한 신에 대한 관념이 있다는 것이 결국 그 관념의 실체인 신의 존재를 증명한다는 것이다.

1. 우주론적 논증(the cosmological argument)은 토마스 아퀴나스(Tomas Aquinas)의 유신논증이다. 존재하기 시작한 우주 만물은 적절한 원인을 가지고 있다는 것이다. 그런데 우주는 존재하고, 우주는 그 자체를 스스로 창조하기에는 불가능하기 때문에 그렇다면 그 우주는 생성의 적절한 원인을 지니고 있을 것이라는 이론이다. 그 원인은 모든 존재 사물 및 그 변화보다 앞서 있는 것임에 틀림이 없고 그 원인은 바로 신이라는 것이다(시 19:1).

2. 목적론적 논증(the teleological argument)은 가톨릭 사제였던 페일리(Paley)의 유신논증이다. 세계는 어느 곳을 막론하고 자연 속에 불변하는 법칙과 일정한 질서가 있고 삼라만상의 질서와 유용한 배열은 결국 어떤 목적을 가지고 창조한 분이 존재함을 나타낸다는 것이다. 그분이 하나님이라는 것이다(롬 1:18-20). 창조한 분, 즉 세상을 설계한 이가 있다는 이론 때문에 설계론적 논증이라고도 한다.

3. 도덕적 논증(the moral argument)은 임마누엘 칸트(Immanuel Kant)의 유신논증이다. 모든 사람은 한결같이 양심을 가지고 있으며, 이 양심은 선을 행하고 악을 물리치려는 의무감을 가지는데, 이 같은 양심의 배후에는 인간을 도덕적으로 창조하신 신이 존재한다는 주장이다(행 17:29).

4. 역사적 인종학적 논증(the histological or ethnological argument)은 모든 시대, 모든 인간 사회에는 종교가 있으며, 그 종교들이 형태는 자르나 신의 존재에 대해서는 인정한다는 측면에서 신의 실재를 추론한다. 종교적 논증이라고도 한다.

5. 성경에 나타난 유신논증을 살펴보자면 하나님께서는 자연 만물을 통해 이미 자기 자신을 나타내셨다. 이를 '자연계시'라고 하는데, 시편 19장 1절에 "하늘이 하나님의 영광을 선포하고 궁창이 그의 손으로 하신 일을 나타내는도다."라고 하셨고, 로마서 1장 20절에서는 "그의 영원하신 능력과 신성이 그가 만드신 만물에 분명히 보여 알려졌나니…."라고 하셨다. 그래서 인간이 자연 만물을 주의 깊게 관찰하면 하나님의 존재를 인식할 수 있다는 것이다. 로마서 1장 19절에는 "…하나님을 알 만한 것이 그들 속에 보임이라."고 하셨다. 또한 모든 인간은 자기 나름대로 선악의 의식을 가지고 있으며 어떤 사회이거나 그 사회에서 통용되는 선악의 규범이 있다. 이를 우리는 '양심'이라고 부른다. 양심은 인간에게 있어서 마음에 새긴 율법이다(롬 2:15). 그래서 사람들은 그 마음에 새긴 율법을 어겼을 때 '사형에 해당된다(롬 1:32)'는 것을 알 뿐 아니라 스스로 양심의 가책을 받는다. 그러므로 양심의 존재는 하나님의 존재를 전

1) 구약성경에 나타난 하나님의 이름

'여호와(JEHOVAH)'라는 이름이 있습니다. 하나님의 고유명사입니다. 모세 이전부터 이스라엘의 선조들에게 알려져 있었는데(창 4:26), 특히 모세를 통하여, 여호와는 계시와 은혜의 하나님, 언약과 구원의 하나님, 예배를 받으시는 하나님이심을 보여 주셨습니다. 이 명칭의 의미는 '영원 자존자'입니다(출 3:14). 여호와라는 명칭은 특별히 인간들에게 약속하시고, 약속한 것을 지키시는 분으로 강조되어 나타납니다. 여호와가 이스라엘을 택하시고, 그들을 언약의 백성으로 삼기 위해, 애굽에서 구출해 내신 구원자이시라는 점을 보여 주신 것은 무엇보다 중요합니다(출 6:7, 7:5). 이 이름은 구약성경에 가장 많이 나오고(6,823회), 이 이름에 대하여 다른 모든 이름은 2차적입니다.[18]

하나님의 이름 가운데 가장 보편적인 것으로는 '하나님'이라는 이름이 있습니다.[19] '하나님'은 '엘', '엘로힘', '엘욘'이라는 하나님을 지칭하는 히브리어 이름을 우리말로 번역한 것입니다. '엘'은 제일 되

제로 한다고 볼 수 있겠다. 뿐만 아니라 시대와 지역을 초월하여 사람에게는 '종교성'이 있다. 아덴 사람들은 '알지 못하는 신'도 만들어 내었을 정도였다(행 17:22). 이것은 인간이 본질적으로 종교적인 존재이며 직관적으로 하나님의 존재를 인정하고 있음을 보여 주는 것이라 하겠다.

18 '여호와'라는 명칭은 본래 '야훼(야웨)'로 발음하던 것이 종교개혁 이후부터 '여호와'라는 발음으로 널리 유포된 것으로 알려지고 있다. 유대인은 신의 이름을 함부로 부르면 안된다는 명령을 굳게 지켜, 신명을 부르는 대신 주(主), 즉 '아도나이'라는 이름으로 불렀다. 최근 연구 결과 '야훼'로 발음하는 것이 옳은 것으로 여겨지고 있다.

19 '하나님'을 한자로는 神(신), 영어로는 God(갓)이라고 한다.

심, 주 되심, 강력함, 유력함을 의미하는 것으로, 하나님의 위엄과 권위를 표현합니다. 엘로힘은 하나님을 강하고 유력한 분으로서의 경외의 대상임을 표현합니다. 엘욘은 높아지다, 올라가다를 의미하여 하나님을 숭고하고 존귀하신 분, 가장 높으신 분이심을 표현합니다(창 14:19-20; 민 24:16; 사 14:14).

그리고 하나님을 '주(主, 아도나이)'라고 부르는 칭호가 있습니다. 이 칭호는 '여호와'라는 명칭 대신 부른 칭호이며, 재판하다, 통치하다를 의미하여 하나님을 전능하신 통치자, 모든 존재로부터 영광을 받으시는 분이심을 표현합니다. 성경에서는 주와 하나님이라는 이름을 합해서 주 하나님이라는 명칭으로 자주 쓰입니다. 주의 이름을 부르는 자들은 주의 몸인 교회를 섬기며 헌신합니다.

2) 신약성경에 나타난 하나님이 이름

'하나님(데오스)'이라는 명칭이 있습니다. 이 명칭은 신약성경에서 공통적으로 사용된 명칭으로 구약의 엘, 엘로힘, 엘욘과 동의어입니다. 이 명칭은 '나의, 너의, 우리의' 등의 소유격과 함께 쓰여서 하나님은 그리스도 안에서 그의 모든 자녀와 각 자녀의 하나님으로 인정된 것을 표시합니다.

다음으로 '주(큐리오스)'라는 명칭이 있습니다. 이것은 칠십인경[20]에

---

20 칠십인경 성경(칠십인역 성경, 七十人譯, Septuagint)이란 구약성경의 가장 중요한 그

서 '여호와' 대신에 '아도나이'를 취하고 다시 그 말을 '큐리오스'로 번역함으로 비롯되었습니다. 물론 정확하게 같은 의미라고 할 수는 없으나 만물의 소유자로서의 주 되심, 법적 권세를 가진 통치자를 지시할 때 사용되었습니다.

셋째로 '아버지(파테르)'라는 명칭이 있습니다. 이 명칭은 구약성경에서 하나님과 이스라엘 백성과의 특별한 관계를 표현한 것으로 사용되었고(신 32:6; 사 63:16), 신약성경에서는 하나님의 1위(성부)와 2위(성자)의 특별관계를 표현하거나 하나님과 성도에 대한 관계를 표현합니다.

아버지 하나님

본래 하나님을 아버지라고 부른 분은 예수 그리스도 뿐이었습니다. 성경에 보면 예수님은 하나님을 아버지로 부르셨고, 예수님 자신과 하나님 아버지와의 동질성에 대해 강조하셨습니다(마 11:27; 요

리스어 번역본을 말한다. 팔레스타인을 떠나, 지중해 연안의 여러 곳에 흩어져 사는 유대인의 수가 증가하고, 히브리어를 이해하지 못하는 사람들이 많아지자, 그들을 위해서도 당시 세계의 공용어였던 그리스어로 구약성경을 번역할 필요가 대두되었다. 주전 250-200년경, 이집트의 알렉산드리아에서 70인의 유대인 학자들에 의해 완성되었다고 해서 칠십인경이라 한다.

10:30). 오늘 우리들이 하나님을 우리의 아버지로 부를 수 있는 것은 오직 예수 그리스도의 십자가 구원을 통해 주어진 은혜입니다. 우리는 그리스도의 십자가 속죄에 의해서만 죄 사함을 받으며 하나님과의 관계를 회복하고 하나님을 '아빠 아버지(롬 8:15; 갈 4:6)'라고 부를 수 있게 되었습니다.

1) 사랑의 아버지

아버지! 위엄, 큰, 보호, 넉넉함, 태산, 사랑 등 많은 느낌을 주는 존귀한 이름입니다. 하나님이 아버지시라는 것은 하나님과 인간의 관계가 인격적이며, 인간이 하나님의 사랑의 대상임을 가르쳐 주는 표현입니다. 하나님 아버지의 사랑은 "…그 해를 악인과 선인에게 비추시며 비를 의로운 자와 불의한 자에게 내려주심이라(마 5:45)."고 하신 것처럼 포괄적이지만, "…하물며 하늘에 계신 너희 아버지께서 구하는 자에게 좋은 것으로 주시지 않겠느냐(마 7:11)."고 하시는 것처럼 그 자녀들에 대한 사랑은 선택적이고 절대적, 변함없고 영원한 사랑입니다. 우리는 하나님을 원수로 대하고 있을 그때에 하나님께서는 우리를 사랑하사 그 아들을 우리를 위해 화목제물로 내어 주셨습니다(요일 4:10). 하나님은 사랑이십니다(요일 4:16).

2) 용서하시는 아버지

아버지의 주요 이미지 중 하나가 관대함일 것입니다. 아버지는 자녀가 잘못했을 때라도 용서하기를 주저하지 않습니다. 누가복음 15장에서 돌아온 탕자를 용서하고 영접하는 아버지처럼 하나님께서는 자기의 잘못을 인정하고 회개하고 돌아오기만 하면 무한히 용서하시고 과거의 죄를 묻지 않으십니다. 죄를 기억하지도 않으십니다(렘 31:34; 히 8:121). 하나님은 사랑하시기 때문에 용서하십니다. 사랑과 용서는 동전의 양면과 같습니다. 우리가 하루하루를 즐겁게 살 수 있고, 일생을 무사히 살 수 있는 것은 오직 하나님께서 용서하시는 은혜를 날마다 베푸시기 때문입니다.

3) 징계하시는 아버지

아버지는 자녀들의 잘못을 엄하게 징계합니다. 세상에서 자녀가 잘못된 길로 빠지는 것을 보면서도 내버려 두는 부모는 없을 것입니다. 성도는 하나님께서 지극히 사랑하는 자녀입니다. 사랑하는 자녀일수록 그분은 반드시 사랑의 채찍을 드십니다.[21] 징계는 하나님 사랑의 또 다른 일면입니다. 그래서 성경은 징계가 없으면 사생아요 친아들이 아니라고 합니다(히 12:8).

---

21 주께서 그 사랑하시는 자를 징계하시고 그가 받아들이시는 아들마다 채찍질하심이라…(히 12:6).

삼위일체(Trinity) 하나님

하나님은 본질상 한 분이십니다. 그러나 성경을 조심스럽게 연구해 보면 한 신성 안에 성부, 성자, 성령이라고 불리는 삼위가 존재하심을 알 수 있습니다. 그러면서도 그것은 세 하나님을 말하지 않고 일체, 즉 한 본질 되시는 하나님을 지칭합니다.[22]

1) 구약에 나타난 삼위일체 하나님

구약에서는 하나님의 통일성이 크게 중시되었으나 하나님 안에서의 복수성에 관한 암시도 적지 아니하며, 그중 어떤 경우는 이 복수성이 삼위일체를 의미한다고 볼 수 있습니다. 먼저 하나님의 주요 이름 중의 하나로 성경에 2,600번 이상 사용되는 '엘(אל)'은 엘로힘(אלהים)의 복수형입니다.[23] 그리고 여호와가 여호와로부터 구별되

22 삼위(Trinitas)라는 말을 처음으로 사용한 사람은 2세기의 교부 터툴리안입니다. 그 후 아다나시우스와 그레고리에 의해 발전되었고 특히 어거스틴에 의해서 그 개념이 명확해지고, 다메섹의 요한에 의해서 최종적으로 완성되었습니다. 신조 가운데서 가장 정확하게 이 이론을 표현한 것은 아다나시우스 신조인데 삼위일체의 교리를 다음과 같이 아름답게 표현하고 있습니다. "공동 교회의 신앙은 이러하다. 즉 우리는 유일하신 하나님을 삼위에서, 삼위를 일체에서 예배한다. 위격을 혼동하지 않으며 본질을 가르지 않는다. 아버지에게 한 위격이 있으며, 아들에게 그리고 성령에게 각각 한 위격이 있으나, 아버지도 아들도 성령도 하나님이시며 유일하다."

23 '엘로힘(אלהים)'을 한국어 성경에서는 '하나님'으로 번역했다.

어 나타나고 있습니다.[24] 다음으로 인간 창조에 있어서 복수성이 나타납니다. "하나님이 이르시되 우리의 형상을 따라 우리의 모양대로 우리가 사람을 만들고…(창 1:26)." 또 한 가지는 성령을 하나님과 구별하고 있습니다. "땅이 혼돈하고 공허하며 흑암이 깊음 위에 있고 하나님의 영[25]은 수면 위에 운행하시니라(창 1:2)."

2) 신약에 나타난 삼위일체 하나님

삼위일체에 대한 암시적 언급은 신약에 와서 더욱 분명하게, 명시적으로 나타납니다. 먼저 그리스도께서 세례를 받으시는 장면에서 삼위 하나님의 거룩하신 모습이 명확하고 장중하게 나타나십니다(마 3:16–17). 또한 예수님은 기도하시면서 삼위 하나님께서 영원 전부터 가지셨던 친교에 관해 아주 분명하고 상세하게 언급하고 계십니다(요 14:16–17).

그리고 예수님께서 제자들에게 세례를 줄 때 삼위 하나님의 이름으로 세례를 주라고 말씀하신 것을 통해서도 삼위일체에 대해 명백하게 말씀하셨습니다(마 28:19–20). 바울 사도는 교회의 성도들을 축복할 때, 삼위 하나님의 이름으로 축복하였습니다(고후 13:14). 그리고 하나님으로 인식되는 세 인격이 있었다는 성경의 증거들이 성

---

24 여호와께서 하늘 곧 여호와께로부터 유황과 불을 소돔과 고모라에 비같이 내리사 (창 19:24).

25 성경에 나타나는 하나님의 영(靈)은 성령 하나님이시다.

경 곳곳에 명시적으로 나타나 있습니다. 먼저 아버지는 하나님으로 인식됩니다(롬 1:7; 갈 1:1, 3). 아들도 하나님으로 인식됩니다(요 1:1, 18, 20:28). 그리고 성령도 하나님으로 호칭되었습니다(행 5:24; 고후 3:17). 이처럼 성경은 아버지도 하나님이시고, 아들도 하나님이시며, 성령도 하나님이심을 증거하고 있습니다.

성도가 성 삼위 하나님이 계시는 성전인 교회를 사랑하고 섬기는 것이 곧 삼위일체 하나님을 섬기는 것입니다.

2장

그 외아들 우리 주 예수 그리스도를 믿사오니

이제 사도신경은 하나님에 대한 믿음에서
예수 그리스도에 대한 믿음으로 나아갑니다.
성도들의 믿음의 중심은 예수 그리스도입니다.
성도들의 믿음은 예수 그리스도를 통해 시작되고
예수 그리스도로 인하여 잘 자라서,
예수 그리스도를 통하여 열매를 맺으며
예수 그리스도의 오심으로 완성을 보게 되는 것입니다.

1. 그 외아들

> 하늘로부터 소리가 있어 말씀하시되 이는 내 사랑하는 아들이요 내 기뻐하는 자라(마 3:17, 17:5하 참고).

하나님의 외아들

성경에서 '하나님의 아들'은 광범위하게 적용되고 있습니다. 그것은 이스라엘 민족이나(출 4:22-23; 호 11:1) 천사들(욥 1:6, 38:7) 그리고 택함 받은 성도들을 지칭할 때도 사용되었습니다(창 6:2; 시 73:15; 요 1:12; 롬 8:16). 그러나 '하나님의 아들'이라는 용어가 예수 그리스도에게 있어서는 특별하게 적용되고 있습니다.

먼저 예수 그리스도가 '하나님의 아들'이라 함은 그리스도의 선재(先在)를 의미합니다. 그리스도는 위로부터 나신 분이요(요 3:13), 아버지의 품에 있던 자로서(요 1:18), 그 아들의 되심은 본래적이며, 영원적인 존재입니다. 따라서 그리스도 외의 다른 아들들은 피조물이며, 유한한 존재라는 본질적인 차이가 있습니다. 둘째로 예수 그리스도가 하나님의 아들이라 함은 그리스도의 독특성을 의미합니다. 요한복음 1장 14절, 3장 16절의 '독생자'의 개념은 출생적 의미를 가진 '낳다'를 강조한 것이 아니라 질적 동질성을 강조한 말입니다. 하나님의 아들이면 하나님을 닮았다는 뜻일 수도 있고 하나님과 같다는 뜻도 됩니다. 이는 예수께서 그 본질과 사역에 있어서 하나님과 동일하신 분임을 의미하는 것입니다.

그 여자의 후손

성경은 구약과 신약으로 구분합니다. 성경은 약속의 책입니다. 하나님께서는 저주받아 고난 받은 인생들을 구원하시기 위해 인간 세상에 구원자를 보내시겠다는 약속을 하셨습니다. 이런 약속은 전 세계의 민간 신앙에도 자주 등장합니다. 이런 민간 신앙들은 그 근원을 하나님께 두고 있다고 보아야 할 것입니다. 우리나라 민간신앙에도 난세에 미륵불이니, 정도령이 등장해서 도탄에 빠진 백성을 구원할 것이라는 전설이 있었습니다. 이런 것들이 모두 인간의 멸망을 암시함과 동시에 구세주를 기다리는 신앙입니다. 그런데 하나님께서 온 인류를 구원하시기 위해 보내실 분은 남자의 씨가 아니라 여자의 후손으로 태어나실 것이라고 선언하셨습니다.[26] 여자에게는 씨

---

26 내가 너로 여자와 원수가 되게 하고 네 후손도 여자의 후손과 원수가 되게 하리니 여자의 후손은 네 머리를 상하게 할 것이요 너는 그의 발꿈치를 상하게 할 것이니라 하시고(창 3:15).
이 성경 구절은 성경에 나타난 최초의 복음이라고 해서 원시(原始)복음이라고도 한

가 없기 때문에 여자의 후손이라는 말 자체가 성립되지 않습니다. 이 세상 어느 누구도 남자 없이 여자 혼자 아이를 낳을 수 없기 때문입니다. 그런데 하나님께서는 남자의 씨 없이 여자에게서 사람을, 그것도 세상을 구원할 구세주를 태어나게 하시겠다는 것입니다.

여인의 후손에 대한 약속은 좀 더 구체적으로 처녀에게서 태어나실 것이라는 성경의 예언으로 구체화됩니다.[27] 여인의 후손은 태어나시기 수백 년 전에 이미 유대 나라의 베들레헴에 태어날 것이라는 예언으로 확대됩니다.[28] 그리고 여인의 후손은 나시기 전에 이미 하나님으로부터 '예수'라는 이름까지 받아 성령으로 잉태되어 태어나셨습니다.[29] 하나님의 아들의 탄생의 신비를 살펴보면 끝이 없으나 이처럼 약속을 따라 태어난 세상의 구세주이십니다.

다. 여인의 후손이란 남자의 씨를 받지 않고 성령으로 잉태하여 탄생하신 우리 주 예수 그리스도시다.

27 그러므로 주께서 친히 징조를 너희에게 주실 것이라 보라 처녀가 잉태하여 아들을 낳을 것이요 그 이름을 임마누엘이라 하리라(사 7:14).

28 베들레헴 에브라다야 너는 유다 족속 중에 작을지라도 이스라엘을 다스릴 자가 네게서 내게로 나올 것이라 그의 근본은 상고에, 영원에 있느니라(미 5:2).

29 아들을 낳으리니 이름을 예수라 하라 이는 그가 자기 백성을 그들의 죄에서 구원할 자이심이라 하니라(마 1:21).

2. 우리 주 예수 그리스도를 믿사오니

아들을 낳으리니 이름을 예수라 하라 이는 그가 자기 백성을 그들의 죄에서 구원할 자이심이라 하니라(마 1:21).

사도신경의 핵심

사도신경은 "…하나님 아버지를 내가 믿사오며 그 외아들 우리 주 예수 그리스도를 믿사오니."라고 신앙을 고백하고 있습니다. 예수님에 대한 신앙고백은 기독교 신앙의 시금석인 동시에 기독교를 세상 모든 종교 가운데 유일한 생명의 종교로 만드는 근본적인 요인입니다. 성경 전체가 이 예수님의 구세주 되심을 주장하고 입증하기 위하여 기록되었습니다. 구약성경은 세상을 죄로부터 구원할 구세주가 세상에 오실 것이라는 약속의 책입니다. 신약성경은 온 세상 만민들이 기다리던 구세주이신 예수 그리스도께서 드디어 세상에 오셨다는 것과 그가 곧 하나님이시라는 사실을 기록한 책입니다. 때문에 사도신경에서는 그 무엇보다도 예수님에 대하여 가장 상세하게 언급하고 있습니다. 사도신경의 절반 가량이 예수님에 대한 신앙고백입니다. 먼저 예수님과 관련된 이름을 살펴봅니다.

주(主)

1) 창조주

예수님은 영원 전부터 존재하셨던 하나님이시고 만물을 창조하신 하나님이시며(요 1:3; 롬 11:36), 역사의 주인이시고 온 천하 만물을 다스리시는 분이십니다. 그러므로 '주(主)'라는 칭호는 하나님과 동등됨으로서의 그리스도의 신성과 초월적인 지위를 함축하고 있습니다.

2) 왕

'주'라는 말은 영광스러운 그리스도께서 현재에도 그의 백성들의 삶에 영향을 미치는 통치권을 나타냅니다. 이 칭호는 일반적으로 노예가 주인을 부를 때나 백성이 왕을 향해 쓰던 말입니다. 성경적 의미에서는 왕께 절대적 충성을 고백하는 의미로 사용되었습니다. 이는 예수 그리스도의 주재권을 인정하여 그분만이 우리의 주인이시요, 우리는 그에게 절대적으로 복종하는 종임을 인정하는 칭호입니다(고전 7:22).

3) 구세주(구주)

예수 그리스도를 '구주(救主)' 또는 '구세주(救世主)'라 함은 그리스도께서 죄악 된 인간과 세상을 구속(救贖)하시기 위해 그의 생명을 우리 인간을 위해 대신해서 값으로 지불하시고 우리 인간을 자기의 것으로 값 주고 사셨다는 뜻입니다(고전 6:20). 따라서 성도는 이미 값을 치루신 그리스도의 소유입니다. 우리는 주님의 몸인 교회에 힘을 다해 헌신하는 교회의 종들입니다.[30]

4) 심판 주

주님께서는 사망 권세를 이기시고 부활하심으로 하나님 우편에 앉으셨습니다. 하나님 우편에 앉으신 예수님께서는 마지막 날에 모든 사람을 심판하실 것입니다. 그는 믿는 자와 믿지 아니하는 자를, 충성한 자와 충성하지 않은 자들에 대하여 공의로운 심판을 내리시는 심판 주로 다시 오실 것입니다.[31]

예수

이 이름은 그리스도께서 동정녀 마리아에게서 성령으로 잉태하실 때 천사가 계시하여 준 것으로(마 1:21; 눅 1:30-31), 히브리어 '여호수아'나 '예수아'의 헬라식 표현입니다. 이 두 사람은 예수 그리스도

---

30 이스라엘에게 회개함과 죄 사함을 주시려고 그를 오른손으로 높이사 임금과 구주로 삼으셨느니라(행 5:31).

31 보라 내가 속히 오리니 내가 줄 상이 내게 있어 각 사람에게 그가 행한 대로 갚아 주리라(계 22:12).

를 예표하는 구약의 두 인물입니다. 이름의 뜻은 마태복음 1장 21절에서 해석한 대로 "자기 백성을 그들의 죄에서 구원할 자"입니다. 예수님은 이 이름처럼 우리를 죄에서 구원하셨습니다.

그리스도

이 이름은 '기름 부음을 받은 자'라는 뜻을 가진 구약의 '메시아'와 같은 의미를 가집니다(요 4:25-26). 구약에서 기름 부음을 받은 경우는 제사장의 위임식(출 29:7-9), 왕의 대관식(삼상 10:1) 그리고 선지자의 위임식(왕상 19:16)이었습니다. 기름을 붓는 의미는 직위에 임명됨 또는 기름 부음을 받은 자와 하나님 사이에 신성한 관계가 성립되는 것 그리고 직위에 임명된 그 사람에게 하나님의 성령이 임하는 것입니다. 그러므로 예수께서 그리스도시라는 것은 그가 이상의 세 가지 직책을 완전 소유하셨음을 의미하는 것입니다. 그리스도의 의미는 선지자, 제사장, 왕입니다. 우리가 그리스도인이라 함은 그리스도를 대신하여 세상을 섬기는 자들이라는 의미입니다.

1) 선지자

선지자(先知者, 창 20:7)는 선견자(삼상 9:9)로 불렸으며, 하나님의 계시를 받아 예언하며 하나님의 사자로 봉사하는 자입니다. 단순히 미래의 사건만을 예언하는 것이 아니라 하나님의 말씀을 성령의 감동으로 받아 말씀을 해석하는 자, 하나님의 말씀을 계시하는 자로서 하나님과 인간 사이에 의사를 전달하는 중계자입니다.

예수 그리스도는 창조적인 선지자이십니다. 그는 다른 선지자들과 같이 단순히 하나님의 말씀을 전달만 하는 선지자가 아니고 인간의 궁극적인 문제를 직접 해결하는 선지자입니다(눅 4:18-21). 하나님의 특별계시는 여러 선지자들을 통하여 부분적, 점진적으로 주어졌으나 그리스도께서는 성령을 충만하게 받아 그 계시를 완성하신 완전한 계시의 전달자이십니다. 이제 우리가 그리스도를 대신해서 세상을 말씀으로 섬기는 선지자들입니다.

2) 제사장

선지자가 백성에게 나아가는 하나님의 대표자로서 종교적 교사였다면 제사장은 하나님께 나아가는 백성의 대표자였습니다. 제사장의 가장 중요한 사역은 백성을 대신하고 대표하여 하나님께 제사를[32] 드리고 백성을 위해 중재기도하는 자였습니다(히 5:1). 그런데 구

---

32 제사(祭祀)란 구약 시대의 예배 의식이다.
1. 제사는 종류에 따라 ①번제(Burnt Offering, 죄를 용서받아 하나님과 관계를 회복하기 위해 자원하여 드리는 제사로 제물은 모두 불살랐다. 레 6:8 이하). ②소제(Grain Offering, 자원하여 첫 열매에 대한 감사로 곡물이나 무교병으로 드렸다. 레 2:1-3). ③화목제(Peace Offering, 자원하여 드리는 화목제에는 지난날 베푸신 은혜를 감사하며 드린 감사제, 서원과 관련된 서원제, 일상적인 감사로서의 낙헌제가 있었고, 제사를 드

약의 제사장직은 장차 오실 예수 그리스도의 예표였습니다. 그리스도는 유일한 참 제사장이요(딤전 2:5) 구약 모형의 완성자로서(히 8:4-5, 9:23) 자신의 피로서 단번에 영원한 제사를 드리셨습니다(히 9:11-14). 중재자로서 그리스도는 자기 백성, 곧 그가 구속한 '모든 사람들(롬 8:29, 33-34; 요 17:9)'을 위해 대언하시는데, 그의 대언은 신적 권능이 있으며 효과에 있어서는 결코 실패하는 법이 없이 반드시 이루십니다(요 11:41-42). 그리고 우리의 대제사장이신 주님은 지금도 우리를 위해 간구하십니다(히 7:25). 이제는 교회와 성도들이 그리스도를 대신해서 세상을 위해 간구하는 제사장들입니다.

린 후 제사 드린 자가 제사장과 함께 제사 음식을 먹을 수 있도록 허용된 제사였다. 레 3장). ④속죄제(Sin Offering, 의무적으로 드리는 제사로 죄를 지은 것을 깨달았을 때 죄 용서를 위해 드린 제사로 제물 중 기름진 부분은 불사르고 나머지는 제사장의 몫이었다. 레 4장). ⑤속건제(Guilt Offering, 의무적으로 드리는 제사로 하나님과 이웃에 대한 죄 해결과 그에 따른 보상을 했고, 제물 중 기름진 부분은 불사르고 나머지는 제사장의 몫이었다. 레 5:14 이하, 7:1-7).

2. 제사 방법에 따라 ①제물을 불태워 드리는 화제, ②제물을 하나님 앞에서 흔들어 드리는 요제, ③제물을 하나님 앞에 들어 올려 드리는 거제가 있었다.

3. 제물로는 주로 ①짐승을 잡아 드렸고, ②곡식으로 드리는 소제(레 2:1 이하), ③포도주를 드리는 관제(포도주-출 29:40; 레 23:13 이하, 기타) 등도 있었다.

4. 희생 제사는 ①하나님에의 감사와 존경을 나타내는 헌물, ②하나님과의 교제의 수단, ③죄의 속량의 수단 등의 목적이 있었다. ④특히 희생 제물은 피를 반드시 제단에 붓도록 규정되어 있는데서, 그 생명이 하나님께 드려지는 것에 중심적인 의미가 있었다.

3) 왕

예수 그리스도는 왕이십니다. 먼저 이 왕권은 교회의 머리가 되신 그리스도께서 그의 교회에 속해 있는 자기 백성들의 구원의 완성을 위하여 그 영역 안에 행하시는 통치권입니다(시 2:6; 눅 6:13, 1:32-33). 예수 그리스도는 우주적 왕권을 소유하십니다. 이것은 중보자로서의 그리스도에게 하나님께서 하늘과 땅의 모든 권세를 맡기신 것을 의미합니다(마 28:18; 엡 1:20-22; 빌 2:9-10). 예수 그리스도는 교회의 왕이시며, 만왕의 왕이십니다. 그리고 그리스도의 왕권은 일시적인 것이 아니라 영원합니다. 성도의 인생은 그리스도를 왕으로 인정하면서부터 시작됩니다. 그리고 성도는 왕처럼 세상을 통치합니다. 복음의 능력으로, 섬김의 은혜로 세상을 통치합니다. 그래서 교회에는 왕적 권세가 있는 것입니다.

3. 이는 성령으로 잉태하사 동정녀 마리아에게 나시고

> 보라 처녀가 잉태하여 아들을 낳을 것이요 그의 이름은 임마누엘이라 하리라 하셨으니 이를 번역한즉 하나님이 우리와 함께 계시다 함이라(마 1:23).

영원 전부터 계셨던 예수 그리스도

요한복음은 "태초에 말씀이 계시니라."는 말씀으로 시작합니다(요 1:1). 태초에, 즉 창세 전에 말씀이 하나님과 함께 계셨습니다(요 17:5). 여기서 특별히 그를 말씀이라 칭한 것은 하나님께서는 사람들에게 자신의 뜻을 알리시는 방법으로 주로 말씀을 사용하셨기 때문입니다. 그리고 그 말씀은 하나님의 창조에 참여하였습니다(창 1:26; 요 1:3, 10; 골 1:16). 태초부터 하나님과 함께 계셨던 이 말씀은 예수 그리스도이십니다. 구약 시대에 '여호와의 사자'라는 이름으로 나타나신 분은 여호와와 동일시되기도 하고 그로부터 구별되기도 하는데, 삼위일체 하나님 중에 2위, 즉 동정녀 마리아에게 탄생하시기 이전의 그리스도의 출현입니다(창 16:7–13, 18:1–21, 19:1–28; 말 3:1).

말씀이 육신이 되시다

하나님의 아들이 사람의 몸을 입고 태어나신 것을 '성육신'이라고 합니다. 성육신은 인류 역사에서 가장 위대한 사건이며 경건의 크나큰 비밀입니다.[33] 하나님은 인간들 가운데서 얼마를 택하여 영생

---

33 크도다 경건의 비밀이여, 그렇지 않다 하는 이 없도다 그는 육신으로 나타난 바 되시

을 주시기로 정하셨습니다.[34] 그러나 그 축복은 죄인들의 죗값을 청산하지 않고서는 불가능합니다. 이 일을 위해 하나님 자신이 영광의 보좌를 버리시고 직접 인간의 몸을 입고 이 땅에 오셨습니다. 그러므로 그리스도의 성육신의 목적은 자신의 죽음을 통해 인간의 죗값을 지불하기 위함입니다.[35]

성육신하신 두 번째 이유는 참 하나님의 아들이신 예수 그리스도께서 참 사람이 되시기 위함입니다. 성육신의 필요성은 그가 반드시 사람과 같은 육신의 모양으로 오셔야만 하기 때문입니다(롬 8:3). 하나님께서 인간의 연약함을 친히 몸으로 겪으시고(히 4:15-16), 죽음을 맛보시고(히 2:9), 죄에서 승리하심으로 그의 백성에게 거룩한 삶의 모범을 보일 수 있기 때문입니다(벧전 2:21).

성령으로

예수 그리스도의 탄생의 전 과정은 성령의 역사입니다. 예수 그

고 영으로 의롭다 하심을 받으시고 천사들에게 보이시고 만국에서 전파되시고 세상에서 믿은 바 되시고 영광 가운데서 올려지셨느니라(딤전 3:16).

34 이방인들이 듣고 기뻐하여 하나님의 말씀을 찬송하며 영생을 주시기로 작정된 자는 다 믿더라(행 13:48).

35 인자의 온 것은 섬김을 받으려 함이 아니라 도리어 섬기려 하고 자기 목숨을 많은 사람의 대속물로 주려 함이니라(막 10:45).

리스도의 전 생애가 성령의 인도하심으로 이루어졌습니다. 성령으로 탄생이 예언되었고, 성령으로 잉태되었으며, 성령의 도우심으로 성장하였고, 성령으로 세례를 받으셨으며, 성령으로 공생애를 시작하셨으며, 성령으로 시험 받으셨고, 성령 충만하심으로 공생애 사역을 진행하셨으며, 성령으로 고난을 받으셨고, 성령으로 십자가를 지셨으며, 성령으로 부활하셨습니다. 지금도 성령으로 우리와 함께하고 계십니다. 그래서 교회는 성령의 공동체이며, 성도는 성령의 인도를 따라야 합니다.

동정녀에게서 탄생하시다

예수 그리스도의 동정녀 탄생은 기독교의 근본인 동시에 사도신경의 핵심 진리입니다. 우리는 이 사실을 하나님께서 행하신 초자연적인 입장에서 보아야 합니다. 동정녀 탄생은 전적으로 하나님의 권한에 속하는 것입니다. '동정녀'는 '알마(Almah)'라는 히브리 단어를 번역한 것인데, 이사야 7장 14절을 인용하여 마태복음 1장 23절에 기록한 말입니다. 예수 그리스도는 성령의 인도하심으로 처녀인 동시에 동정녀에게서 태어나셨습니다. 이것은 전적으로 하나님의 주권적 힘에 의해서 진행된 사건입니다. 어떤 유전법칙도 이와 같은 계보를 설명할 수 없습니다. 인간은 단지 받아들이고 믿을 때 성령의 능력이 나타납니다.

동정녀 탄생의 목적

동정녀 탄생의 목적은 주님께서 참 하나님이 되시기 위함입니다. 만일 예수께서 일반적인 남녀의 결혼 관계를 통해 이 세상에 오셨다면 그는 하나님이 되실 수 없습니다. 그렇다면 그는 원죄를 타고난 죄 있는 사람이며, 인간의 죄를 위한 그의 대속적인 죽음은 불가능한 것이 됩니다. 그러므로 성령으로 말미암은 동정녀 잉태는 예수 그리스도께서 인성을 입으셨음에도 죄로부터는 완전한 성결을 유지하게 하심입니다. 그래서 성경은 그의 피는 "흠이 없으시고(히 9:14)," "죄가 없으시다(히 4:15)"고 밝히고 있습니다.

하나님이면서 사람이신 주님

예수님께서 인간이 되셨다는 사실은 우리 인간의 처지를 완전히 이해하셨다는 것을 뜻합니다. 인간이 되어서 인간의 형편을 완전히 경험하신 분이 인간을 구원하실 수 있습니다. 인간의 몸을 입으신 예수님은 인생의 연약함, 유한함, 인간의 한계, 인간의 고통(그것이 질병이건, 가난이건 모든 종류의 고통)을 몸소 체험하셨습니다.[36] 그럼에도 예수님은 하나님이셨습니다. 예수님에게서는 하나님만이 행사할 수 있는 능력, 권세가 나타났습니다. 죽은 사람을 살리셨습니다. 바람과 파도를 포함한 자연계의 질서마저도 주님께 복종했습니다. 주님은 인간이시면서 동시에 하나님이셨던 것입니다. 인간의 모든 면면을 체험적으로 아시는 참 사람이면서 동시에 전능하신 하나님만이 인간을 구원하실 수 있습니다. 그래서 예수님은 우리 인간의 구원자가 될 수 있는 것입니다.

이제는 성도들이 세상을 향해 하나님의 역할을, 주님의 역할을 해야 합니다. 성도는 사람이면서 동시에 성령을 힘입어 세상에 하나님의 능력을 행하는 자들입니다.

4. '본디오 빌라도'에게 고난을 받으사

> 무리가 다 일어나 예수를 빌라도에게 끌고 가서 고발하여 이르되 우리가 이 사람을 보매 우리 백성을 미혹하고 가이사에게 세금 바치는 것을 금하며 자칭 왕 그리스도라 하더이다 하니(눅 23:1-2).

---

36 우리에게 있는 대제사장은 우리의 연약함을 동정하지 못하실 이가 아니요 모든 일에 우리와 똑같이 시험을 받으신 이로되 죄는 없으시니라(히 4:15).

네가 십자가 지라

“십자가 지라.”는 말이 있습니다. 예수님의 십자가 사건은 사도신경에서도 가장 중요하게 다루는 부분입니다. 먼저 “본디오 빌라도에게 고난을 받으사 십자가에 못 박혀 죽으시고”라고 합니다. 우선 ‘십자가에 못 박혀 죽었다’는 말은 무슨 말일까요? 십자가에 못 박아 죽이는 것은 가장 천한 신분의 사형수를 처형하는 로마의 대표적 처형 방법이었습니다. 그러므로 이 말은 예수님께서 교수형을 당했다든지 혹은 사형장에서 총살을 당했다고 말하는 것과 같습니다.

십자가 판결을 내린 사람이 예수님 당시 로마의 행정관으로 유대 지방의 총독이던 본디오 빌라도였습니다. 예수님 당시 유대는 로마의 식민지였고, 빌라도는 유대 지방을 다스리던 로마 관리였습니다.[37] 빌라도는 예수님이 잡혀오기 전에 예수님이 전혀 죄가 없는 분이며, 평범한 사람이 아니라는 사실을 잘 알고 있었습니다(마 27:19). 정적들의 모함을 받고 끌려온 예수님을 석방시키기 위해 노력까지 했던 인물입니다.[38] 그러나 마지막 순간 군중들의 압력에 굴복하고

---

37 로마의 2대 황제 티베리우스 때(재임 주후 14-37년) 주후 26-36년 유대의 5대 총독으로 재임했다.

38 그들이 모였을 때에 빌라도가 물어 이르되 너희는 내가 누구를 너희에게 놓아 주기를 원하느냐 바라바냐 그리스도라 하는 예수냐 하니 이는 그가 그들의 시기로 예수를 넘겨 준 줄 앎이더라 총독이 재판석에 앉았을 때에 그의 아내가 사람을 보내어 이르되 저 옳은 사람에게 아무 상관도 하지 마옵소서 오늘 꿈에 내가 그 사람으로 인하

야 말았던 불행한 사람이었습니다. 그가 자의로 예수님을 십자가에 못 박지는 않았지만 그렇다고 책임이 없어지는 것은 아닙니다. 빌라도는 옳고 그름의 분별은 하면서도 군중의 여론에 따라 정의를 버린 한심한 정치인이었습니다.[39]

고난 받으신 예수님

예수 그리스도의 고난에 대해 말할 때 흔히 십자가 상에서 당하신 마지막 고난만을 생각합니다. 그러나 사실은 그의 지상 생활 전체가 고난의 연속이었음을 알아야 합니다. 먼저 성육신, 곧 하나님의 아들로서 죄 있는 육신의 모양으로 오신 것(롬 8:3) 자체가 고난의 시작이었습니다. 이 사실은 주께서 본래 가지셨던 존귀와 영광을 포기하셨음을 보여 주고 있습니다. 고린도후서 8장 9절에서는 그것이 '부요하심'이라고 말했고, 빌립보서 2장 6-7절에서는 바로 '하나님과 동등됨'이었다고 밝히고 있습니다. 인간으로 오신 예수 그리스도의 모습은 매우 초라한 모습이어서 이사야는 주께서 "…고운 모양도

여 애를 많이 태웠나이다 하더라(마 27:17-19).

39 빌라도가 아무 성과도 없이 도리어 민란이 나려는 것을 보고 물을 가져다가 무리 앞에서 손을 씻으며 이르되 이 사람의 피에 대하여 나는 무죄하니 너희가 당하라(마 27:24).

없고 풍채도 없은즉 우리가 보기에 흠모할 만한 아름다운 것이 없도다(사 53:2)."라고 했고, "전에는 그의 모양이 타인보다 상하였고 그의 모습이 사람들보다 상하였으므로 많은 사람이 그에 대하여 놀랐거니와(사 52:14)"라고 했습니다. 예수 그리스도는 왕이셨으나 그의 백성들로부터 영접을 받지 못했고(요 1:11), 그는 메시아였지만 그 형제들조차 믿지 않았습니다(막 3:31; 요 7:5). 사람들은 그를 멸시했으며(사 53:3), "나사렛에서 무슨 선한 것이 나겠느냐?"며 업신여겼습니다.

누구를 위해 고난 받으셨나

세상에 고생 없이 사는 사람이 얼마나 될까요? 정도의 차이야 있겠지만 사람마다 나름의 파란만장한 시절이 있습니다. 인생 자체가 고난의 길입니다. 그러나 사람에게 있어서 진정한 고난은 이 세상을 떠난 후 지옥에서 당하는 고난입니다. 70년, 80년 당하는 고난이 무서운 것이 아니라 영원히 당하는 고난이 무서운 것입니다. 지옥 고난의 처참함은 불구덩이 속에서 벌레도 죽지 않는 곳이라는 주님의 말씀을 통해서도 잘 알 수 있습니다.[40] 그런데 우리 인생은 이 땅의

---

40 만일 네 눈이 너를 범죄하게 하거든 빼버리라 한 눈으로 하나님의 나라에 들어가는 것이 두 눈을 가지고 지옥에 던져지는 것보다 나으니라 거기에서는 구더기도 죽지 않고 불도 꺼지지 아니하느니라(막 9:47-48).

고난만 크게 여기고 지옥 고통은 전혀 생각조차 하지 않고 삽니다.

주님께서 '고난을 받으셨다.'라는 말은 세상 모든 사람들이 죄의 값으로 받아야 할 고난을 혼자서 대신 담당하셨다는 뜻입니다. 물론 이 모든 고난이 예수님 자신이 받아 마땅한 고난이 아니라 우리가 당할 고난을 대신하신 고난이었습니다.[41] 이제는 성도가 교회를 섬기기 위해 고난을 당하는 것이 마땅합니다.

살신성인

예수님으로 하여금 사람을 대신하여 고난을 받게 하신 하나님의 목적은 무엇이었을까요? 그것은 하나님께서 자비의 대상이 될 수 없는 죄인들에게 자비를 베푸심으로 죄인을 의롭다고 하시기 위함이었습니다. 인간은 모두가 하나님께 반역함으로 하나님의 진노 아래 있는 자들입니다.[42] 진노 아래 있는 인간을 심판하시는 일을 길이 참으신 것이 하나님의 의로우신 행동이었습니다.[43] 하나님은 인

---

41 그가 시험을 받아 고난을 당하셨은즉 시험 받는 자들을 능히 도우실 수 있느니라(히 2:18).

42 전에는 우리도 다 그 가운데서 우리 육체의 욕심을 따라 지내며 육체와 마음의 원하는 것을 하여 다른 이들과 같이 본질상 진노의 자녀이었더니(엡 2:3).

43 이 예수를 하나님이 그의 피로써 믿음으로 말미암는 화목제물로 세우셨으니 이는 하나님께서 길이 참으시는 중에 전에 지은 죄를 간과하심으로 자기의 의로우심을 나타

간이 받아야 마땅할 진노를 그의 아들 예수님으로 대신 당하게 하셨습니다. 예수님께서는 우리를 대신해서 십자가 위에서 당하실 하나님의 진노로서의 육체적, 정신적인 모든 고통을 아시고 계셨습니다. 이 고통이란 인간의 죗값으로부터 오는 하나님의 진노와 배척에 대한 고통을 모두 말합니다.

인간에게 가장 무서운 순간은 사람들과 하나님 앞으로 더 이상 다가올 수 없도록 영원히 배척 당해 무서운 지옥에 고립되는 순간입니다. 인간 세상에서 사는 날 동안 지었던 죄의 값을 지옥에서 영원히 받게 되는 것이지요. 예수님께서는 나를 대신하여 십자가에 달리심으로 내가 당할 하나님으로부터의 배척을 대신해서 당해 주셨습니다. 그러하심으로 나의 죄를 대속해 주셨습니다. 이것이 주님께서 당하신 고난의 의미입니다.

5. 십자가에 못 박혀 죽으시고

> 그들이 예수를 십자가에 못 박은 후에 그 옷을 제비 뽑아 나누고 (마 27:35).

내려 하심이니(롬 3:25).

십자가 형벌

유대법에는 죄인에 대한 다양한 처벌 방법이 있었습니다. 성경에 나타난 바에 의하면 칼로 목 베이는 법(출 22:24), 교수형(민 25:4), 화형(레 10:1-4), 돌로 쳐 죽이는 방법(레 20:27) 등이 있습니다. 그러나 바울이 갈라디아서 3장 13절에서 인용한 대로 신명기 21장 22-23절에 의하면 나무에 달린 자는 하나님의 저주를 받은 것을 의미하므로 그러한 처형 방법은 제한되어 있었고 때문에 십자가 처형은 로마법에 의한 것이었습니다. 당시의 로마는 로마 시민권을 가진 사람은 십자가형에 처하지 않고 노예만을 십자가형에 처형했습니다. 이 처형 방법은 너무 처참하고 고통스러운 것이어서 콘스탄티누스[44]에 의해서 폐지되었습니다. 십자가의 형태는 다양했습니다. X자형과 T자형 그리고 十자형이 있었습니다. 그리고 그곳에 매다는 방법도 다양했습니다. 십자가에 매달려 굶겨 죽이는 방법이 있는가 하면, 죄인을 십자가에 못 박는 경우도 있었습니다. 바로 예수 그리스도께서 당하신 십자가형이 이 경우였습니다.

---

44 콘스탄티누스(Constantinus, 주후 306-337년)는 밀라노 칙령(주후 313년)으로 기독교를 국교로 공인한 왕이기도 하다.

십자가 형벌의 의미

첫째로 예수 그리스도의 십자가 속죄는 대리적인 속죄였습니다. 인간은 자신이 지은 죄의 형벌을 받아야 하는 것이 정해진 법이로되(히 9:27) 하나님께서는 그리스도를 대리자로 세워 대리적 속죄를 통해 개인적 속죄를 대신하게 하셨습니다. 그러므로 그리스도께서 죽으신 것은 자신의 죄 때문이 아니라 우리가 지은 죄 때문인 것입니다(사 53:5-6; 고전 15:3).

다음으로 그리스도의 십자가 속죄는 자발적 순종이었습니다. 그리스도께서는 강제적으로 십자가를 지시거나 다른 사람의 죄책과 형벌을 피할 도리가 없어서 부득이하게 십자가를 지신 것이 아닙니다. 그는 이 일을 위해 이 땅에 오셨고 이는 그의 사역의 목적이었습니다(막 10:45). 성경은 그리스도의 속죄는 죄인들을 구원시키는 데 완전무결하다고 강조합니다.[45]

---

45 염소와 송아지의 피로 아니하고 오직 자기 피로 영원한 속죄를 이루사 단번에 성소에 들어가셨느니라(히 9:12).

십자가 위에서

등산의 즐거움은 정상에 도달하는 순간 절정에 이르게 됩니다. 마구간에서 태어나셔서, 평생을 우리 인생들이 져야 할 죄 짐을 대신 지고 가시던 주님의 고난은 십자가에서 그 절정을 이룹니다. 십자가는 아담과 하와 이후 이 세상에 태어난 모든 사람의 저주와 앞으로 주님이 재림하실 때까지 태어날 온 인류의 저주가 모두 집결된 곳이었습니다. 하나님 나라를 파괴하는 사탄의 세력들, 온 세상의 저주 받은 악의 세력이 모두 모인 곳이 십자가였습니다. 세상의 전 역사 한가운데에서 기승을 부리며 왕 노릇하던 사망 권세가 하나님의 아들마저 죽이겠다고 최후 발악을 하던 곳이었습니다.

주님께서도 십자가의 고통이 얼마나 큰 것인지를 아셨기 때문에 할 수만 있다면 피하기를 하나님 아버지께 구했으나 아버지의 뜻을 따르기로 하시고 십자가를 지셨습니다.[46] 주님께서는 죄의 형벌이 얼마나 무서운 것인 줄을 너무도 잘 아셨습니다. 그러나 주님께서는 온 인류가 당할 저주의 형벌을 기꺼이 감당하시기로 작정하시고 십자가로 가셨습니다. 주님은 십자가를 지심으로 드디어 하나님의 구원 사역을 "다 이루었다."라고 선언하신 것입니다(요 19:30). 십자가

---

46 조금 나아가사 얼굴을 땅에 대시고 엎드려 기도하여 이르시되 내 아버지여 만일 할 만하시거든 이 잔을 내게서 지나가게 하옵소서 그러나 나의 원대로 마시옵고 아버지의 원대로 하옵소서 하시고(마 26:39).

는 주 예수 그리스도의 지상 사역의 정상이었습니다.

죽음까지 체험하시다

예수님은 십자가 죽음에서 부활하신 분이요, 온 인류의 구세주가 되시며 우리의 주님이 되시고 친구가 되십니다. 죽음은 인간의 능력으로 해결할 수 없는 영역입니다. 믿음으로 사는 사람들은 주님 안에서 죽음을 포함한 모든 인생의 문제를 해결할 수 있는 길을 발견했다고 고백하며 주장합니다.

그리스도께서는 십자가에서 죽음까지 체험하셨기 때문에 우리가 고난 당할 때 우리를 도울 수 있으십니다.[47] 부활하신 주님께서는 죽음을 이기시고 부활하신 영생하는 생명의 능력을 믿고 그 안에 거하는 자들에게 선물로 주십니다. 그래서 주님은 믿는 자들의 생각과 행동까지 놀랍게 변화시키시고 주님이 통과한 바 있는 죽음 저편의 영원한 생명을 이 땅에서도 맛보게 하여 주십니다. 이제 우리가 교회를 섬기기 위해 십자가를 져야 합니다.

---

47 우리에게 있는 대제사장은 우리의 연약함을 동정하지 못하실 이가 아니요 모든 일에 우리와 똑같이 시험을 받으신 이로되 죄는 없으시니라 그러므로 우리는 긍휼하심을 받고 때를 따라 돕는 은혜를 얻기 위하여 은혜의 보좌 앞에 담대히 나아갈 것이니라(히 4:15-16).

6. 장사한 지 사흘 만에 죽은 자 가운데서 다시 살아나시며

> 내가 받은 것을 먼저 너희에게 전하였노니 이는 성경대로 그리스도께서 우리 죄를 위하여 죽으시고 장사 지낸 바 되셨다가 성경대로 사흘 만에 다시 살아나사(**고전 15:3-4**).

지옥에서

'지옥' 또는 음부로 번역된 우리말은 히브리 원문에는 '스올'로 되어 있고, 헬라어로는 '하데스'라고 되어 있는데, 이는 범죄에 대한 형벌을 받는 곳, 즉 어떤 특정한 공간이나 장소를 의미한다기보다는 단순히 죽음의 상태를 말할 때 사용되고 있습니다. 반면에 헬라어 원문에 '게헨나'라는 단어가 있는데, 이는 곧 장소로서의 '지옥'을 의미합니다. 그러므로 여기 "음부에 가셨고"라는 의미는 예수 그리스도의 죽음은 육체적인 죽음만이 아니요, 영과 육이 아울러 죽은 전인격적인 완전한 죽음이었음을 다시 한 번 강조한 것입니다. 예수님께서 우리 대신 지옥에 가셨던 것입니다.

죽음이 왕 노릇하던 시절

사람은 한번 태어나면 반드시 죽습니다. 성경은 이를 가리켜 "한 번 죽는 것은 사람에게 정하신 것이요 그 후에는 심판이 있으리니(히 9:27)."라고 선언하여 죽음이 인류의 숙명인 것과 죽음 후에 심판이 있음을 동시에 선언합니다. 성경은 모든 사람이 그 지은 죄로 인하여 죽음 앞에 무력한 존재가 되었음을 선언합니다.[48] 실재로 인류 역사가 시작된 이후 죽음은 모든 사람 앞에 왕 노릇해 왔습니다.[49] 죽음은 정복할 수 없는 거대한 존재였습니다. 예수님께서 죽음을 이기시려 지옥에 가셨습니다.

정복하신 예수님

예수님께서 십자가에 달려 돌아가시고 아주 죽으셨다면 어떻게 되었을까요? 그렇다면 예수님도 소크라테스나 공자와 다름없이 사람들의 기억에 남아 있는 아름다운 이름 중 하나에 불과할 것입니

---

48 죄의 삯은 사망이요 하나님의 은사는 그리스도 예수 우리 주 안에 있는 영생이니라(롬 6:23).

49 그러나 아담으로부터 모세까지 아담의 범죄와 같은 죄를 짓지 아니한 자들까지도 사망이 왕 노릇하였나니 아담은 오실 자의 모형이라(롬 5:14).

다. 그러나 주님은 죽으신 지 사흘 만에 다시 살아나셨습니다. 죽음을 이기신 것입니다.[50] 죽음을 죽이신 것입니다. 인류 역사를 통틀어 태어나 죽었다가 죽음을 정복하시고 다시 사신 분은 예수님 한 분밖에 없습니다.

사상 최대 규모의 증인들

예수님의 부활이 역사적 사실이라는 것을 증명하기 위하여 사도신경은 '사흘 만에'라고 하는 실제적 시간을 제시하고 있습니다. 이것은 주후 30년경 예수님께서 '본디오 빌라도에게 고난을 받으사 십자가에 못 박혀 죽으시던' 그날을 포함하여 계산한 것입니다. 바로 이날에 팔레스틴의 수도 예루살렘에서 죽으셔서 장사지내졌던 예수님이 돌무덤을 여시고 살아 나오셨습니다. 주님께서 다시 사심으로 죽음은 영원토록 정복 당한 것입니다.

예수님의 부활의 증거는 증인들에 의해 당당히 외쳐지고 있습니다. 부활하신 주님은 먼저 막달라 마리아에게 나타나셨고[51] 그리고

---

50 사망아 너의 승리가 어디 있느냐 사망아 네가 쏘는 것이 어디 있느냐 사망이 쏘는 것은 죄요 죄의 권능은 율법이라 우리 주 예수 그리스도로 말미암아 우리에게 승리를 주시는 하나님께 감사하노니(고전 15:55-57).

51 예수께서 마리아야 하시거늘 마리아가 돌이켜 히브리 말로 랍오니 하니(이는 선생님

게바(베드로)에게와 12제자들에게 나타나셨고[52] 후에 엠마오로 가던 일단의 제자들에게 나타나셨습니다.[53] 후에 오백여 형제들에게 일시에 보이셨는데 그때 부활하신 주님을 만났던 제자들 중에는 그로부터 30년이 지난 주후 64년경까지 살아 있는 사람들이 많았다고 보도하며,[54] 바울도 부활하신 주님을 뵈었습니다.[55] 본래 성경에는 두 사람의 증인만 있으면 법적 효력을 가진 증거로서 충분한 근거가 되고,[56] 현대 법정에서도 두 사람의 증인만 있으면 그 증거를 옳다고 인정합니다. 그렇다면 주님의 부활에 대한 증거는 적어도 오백 명 이상이 각기 다른 장소에서 주님의 부활을 증거해 주고 있기 때문에 더 이상의 증언은 필요가 없습니다. 교회는 예수 그리스도의 부활의 증거입니다.

이라는 말이라)(요 20:16).

52 게바에게 보이시고 후에 열두 제자에게와(고전 15:5).

53 그 날에 그들 중 둘이 예루살렘에서 이십오 리 되는 엠마오라 하는 마을로 가면서 이 모든 된 일을 서로 이야기하더라 그들이 서로 이야기하며 문의할 때에 예수께서 가까이 이르러 그들과 동행하시나(눅 24:13-15).

54 그 후에 오백여 형제에게 일시에 보이셨나니 그중에 지금까지 대다수는 살아 있고 어떤 사람은 잠들었으며(고전 15:6).

55 맨 나중에 만삭되지 못하여 난 자 같은 내게도 보이셨느니라(고전 15:8).

56 사람의 모든 악에 관하여 또한 모든 죄에 관하여는 한 증인으로만 정할 것이 아니요 두 증인의 입으로나 또는 세 증인의 입으로 그 사건을 확정할 것이며(신 19:15).

예수 다시 사셨다

1) 신체적 부활

부활하신 예수님의 몸은 영체이거나 환상이 아닙니다. 그 몸은 살과 뼈가 있는 실질적인 몸이었습니다(눅 24:39-40). 그 몸은 기존의 육체와 연속성이 있었으므로 현존했고, 잡수실 수도 있었으며(눅 24:39-43), 만져 볼 수도 있었습니다(마 28:9). 또한 도마가 확인한 바와 같이 그 몸은 고난의 흔적도 지니고 있었는데(요 20:27), 이런 흔적들은 그의 재림 때까지 보존될 것입니다(계 1:7). 성령으로 말미암아 신령한 몸으로 부활하신 것입니다.

2) 신령한 부활

그리스도의 부활체는 부활 전과는 다른 몸이었습니다. 그것은 단순히 영과 육이 재결합한 것이 아니라 인성의 제약을 초월하여 신성을 언제나 나타내 보일 수 있는, 다른 차원의 세계를 사는 몸과 같았습니다. 3년이나 따라 다녔던 제자들조차도 예수님을 잘 알아보지 못하고 영으로 생각할 정도였습니다(눅 24:37). 닫힌 문을 통과하시기도 하셨고(요 20:19) 하늘로 올라가실 수도 있었습니다(행 1:9). 시간과 공간의 제한을 초월한 신령한 몸이었습니다.

3) 영원한 부활

성경에는 죽었다가 다시 살아난 자들이 여러 명 있습니다. 회당장 야이로의 딸, 나인성 과부의 아들, 나사로 그리고 예수께서 부활하실 때 무덤에서 일어난 자들도 많았습니다. 이들은 부활했으나 다시 죽어야만 했습니다. 그러나 그리스도의 부활은 이와 전적으로 달랐습니다. 그는 죽었다가 다시 살아나셨는데, 결코 다시는 죽지 않도록 부활하셨습니다. 멸망하지 않는 몸으로 부활하셨기 때문에, 더 이상 고통과 질병과 부패와 죽음이 주관하지 못합니다. 예수 그리스도에 의해 사망 자체가 멸망하여 버렸던 것입니다.[57] 그리스도 안에 있는 성도에게는 더 이상 사망이 없습니다.

부활의 의미

1) 하나님의 아들 되심을 확증함

예수 그리스도의 부활은 그의 신성, 곧 그가 하나님의 아들이셨음을 확증합니다. 예수님은 자신이 하나님의 아들이라고 주장하셨는데(요 5:17–23), 유대인들은 그것을 증명하는 표적을 구했습니다. 예수님께서 제시하신 표적은 너무나 분명했습니다. 그것은 '요나의 표

57 이는 그리스도께서 죽은 자 가운데서 살아나셨으매 다시 죽지 아니하시고…(롬 6:9).

적(마 12:40)'과 '성전을 사흘 만에 세우는 표적(요 2:19)'이었습니다. 이것은 모두 그의 부활을 예언하신 것이고 그대로 이루어졌습니다.[58]

2) 그리스도의 사역의 완성을 확증함

만일 그리스도께서 다시 살지 못했으면 그 역시 자신의 죗값으로 죽은 것이 되고, 결국 그의 희생적인 구속 사역은 소용없는 것이 되고 말 것입니다. 그러나 그리스도께서 부활하심으로 그의 구속 사역은 온전히 완성되었음이 증명되었습니다. 그는 참으로 백성의 중보자가 되셨던 것입니다. 바울은 "예수는 우리가 범죄한 것 때문에 내줌이 되고 또한 우리를 의롭다 하시기 위하여 살아나셨느니라(롬 4:25)."고 말씀합니다. 그러므로 그리스도의 부활은 그의 탄생과 죽음의 목적이자 결실이라고 할 수 있습니다.

3) 성도의 부활을 확증함

그리스도의 부활과 성도들의 부활은 분리된 사건이 아닙니다. 그리스도는 성도와 연합하여 부활하셨습니다. "만일 우리가 그의 죽으심과 같은 모양으로 연합한 자가 되었으면 또한 그의 부활과 같은 모양으로 연합한 자도 되리라(롬 6:5)."고 하셨고 또 고린도전서 15장

---

58 성결의 영으로는 죽은 자들 가운데서 부활하사 능력으로 하나님의 아들로 선포되셨으니 곧 우리 주 예수 그리스도시니라(롬 1:4).

20절에서는 "…그리스도께서 잠자는 자들의 첫 열매가 되셨도다." 라고 하셨는데, 이것은 그리스도의 부활이 성도의 부활의 대표적인 성격을 가지고 있으며 전 우주적인 사건인 일반 부활의 실제적인 시작임을 선언하는 말씀입니다. 그래서 성도들도 마지막 날에 성령의 능력을 힘입어 부활할 것이라는 사실이 확증되는 것입니다.[59]

7. 하늘에 오르사 전능하신 하나님 우편에 앉아 계시다가

> 이르되 갈릴리 사람들아 어찌하여 서서 하늘을 쳐다보느냐 너희 가운데서 하늘로 올려지신 이 예수는 하늘로 가심을 본 그대로 오시리라 하였느니라(행 1:11).

하늘에

'하늘'은 몇 가지 의미를 가지고 있습니다. 먼저 차원적인 의미로서 '하늘나라' 또는 '하나님의 나라(heaven)'를 뜻합니다. 둘째로 공간

59 예수를 죽은 자 가운데서 살리신 이의 영이 너희 안에 거하시면 그리스도 예수를 죽은 자 가운데서 살리신 이가 너희 안에 거하시는 그의 영으로 말미암아 너희 죽을 몸도 살리시리라(롬 8:11).

적 의미로서 '공중(sky)'을 뜻합니다. 예수 그리스도의 승천은 이 두 가지 측면을 모두 생각해야 할 것입니다. 예수 그리스도의 하늘에 오르심은 그의 인성이 한층 더 변화되어 현재 생활을 초월한 어떤 영적인 질서로 들어감을 의미합니다. 그리고 한 장소에서 다른 장소로 옮겨 가는 것입니다. 성경에서 하늘(천국)은 천사들과 성도들의 처소로 표현되고 있습니다. 그들은 모두 이 세상이 아닌 다른 공간과 연관되어 있습니다.교회는 이 땅에 있는 하늘의 그림자이며, 성도는 이 세상에서 하늘을 여는 사람들입니다.

오르사

예수 그리스도의 승천은 성경에서 부활만큼 많은 분량으로 다루어지지 않았습니다. 이것은 예수님의 생애에 있어서 부활이 진정한 전환점이었기 때문입니다. 그런 의미에서 승천은 부활의 필연적인 완성입니다.

"하늘에 오르사 하나님 우편에 앉아 계시다가…심판하러 오시리라."는 고백이 나옵니다. 이러한 신앙고백은 주님이 이루신 구원 역사의 연속성을 말하는 것으로 과거, 현재, 미래를 나타내는 것입니다. 이것은 승천으로 인하여 그리스도의 생애가 모두 마감되는 것이 아니라 그 후에도 계속 연결되어 그의 사역을 영원히 계속할 것이라는 구원 역사의 흐름을 분명하게 보여 주는 것입니다. 주님은 그 구원 역사 속에 인간을 그냥 방치하는 것이 아니라 그의 섭리로 구원하는 것입니다. 그리스도께서 인성을 가지고 사람이 볼 수 있도록 승천하신 것은 우리도 장차 부활하여 예수님처럼 승천할 것을 예시합니다. 예수님께서 "가서 너희를 위하여 거처를 예비하면…(요 14:3)."이라고 하신 것처럼 성도보다 앞서 가셨다가 다시 오실 것이며 종말에는 우리도 주님처럼 승천하게 될 것입니다.[60]

보좌 우편에 앉아

이 표현은 시편 110편 1절의 "내가 네 원수들로 네 발판이 되게 하기까지 너는 내 오른쪽에 앉아 있으라."고 한 것에서 인용된 것입니다. 성경에는 승천하신 예수님의 모습을 다양하게 묘사하고 있습니다. 그는 앉으셨을 뿐 아니라 '계신' 것으로(롬 8:34), 그곳에 '서 있는' 것으로(행 7:56) 그리고 '다니시는' 것으로(계 2:1) 묘사되어 있습니다. 주님의 지상 보좌가 교회이며, 성도들은 보좌에 계시는 주님의 몸인 교회를 섬기는 자들입니다. 예수 그리스도께서 보좌 우편에 앉아 계시다고 한 것은 그가 승천하셔서 교회와 우주의 통치권을 받으시고

---

60 또 함께 일으키사 그리스도 예수 안에서 함께 하늘에 앉히시니(엡 2:6).

존귀와 영광에 참여하는 것을 나타냅니다.[61]

보좌 우편에서 하시는 일

예수 그리스도는 하나님 보좌 우편에 계셔서 이제 육신적으로는 지상에 있는 그의 백성들과 함께 하시지 않지만 그가 떠나시기 전에 제자들에게 약속하신 보혜사 성령님을 통해(요 14:26) 선지자로서의 사역을 계속하시고 계십니다. 예를 들면 성령의 감동으로 성경을 기록하는 일에서, 사도들과 사역자들의 전도를 통해서, 그의 몸 된 교회를 인도하시고 보호하심에서, 성도들에게 축복의 길을 마련하심에서 그렇게 하십니다.

그리스도께서는 또한 하나님 우편에서 제사장적인 사역을 계속하십니다. 그리스도는 자기의 백성들을 세상에서 안전히 보호하십니다. 그들의 기도와 봉사가 하나님께 합당하도록 만드시고 희생 제사 사역을 끊임없이 적용하시면서, 그의 백성들의 죄를 대신 고백하

---

61 그의 능력이 그리스도 안에서 역사하사 죽은 자들 가운데서 다시 살리시고 하늘에서 자기의 오른편에 앉히사 모든 통치와 권세와 능력과 주권과 이 세상뿐 아니라 오는 세상에 일컫는 모든 이름 위에 뛰어나게 하시고 또 만물을 그의 발 아래에 복종하게 하시고 그를 만물 위에 교회의 머리로 삼으셨느니라(엡 1:20-22).

며 사함을 받게 하기 위해 중재 대언 기도를 드리십니다.[62]

그리스도는 우주적인 권세로서 왕적 사역을 계속하십니다. 하나님은 그리스도의 고난과 죽으심의 결과로써 그를 지극히 존귀하게 하셨습니다(빌 2:9-11). 그는 하늘의 모든 세력들을 자신의 명령 아래 두고 계시며 자연의 세력과 그를 대적하는 원수를 굴복하실 때까지 통치를 계속하십니다. 그 주님의 지상 보좌가 바로 우리가 섬기는 교회입니다.

하늘에서 땅을 보는 사람들

가끔 우리의 상식으로는 믿을 수 없는 그래서 도저히 불가능해 보이는 일들이 우리 주변에 많이 있습니다. 성경은 그리스도인들이 주님과 함께 하늘에 앉아 있다고 선언합니다.[63] 부활하신 주님께서 하늘에 계신다는 것은 알겠는데 우리 성도들도 주님과 함께 하늘에 앉아 있다는 사실은 실감이 잘 나지 않을 수도 있습니다. 그러나 성

---

62 누가 정죄하리요 죽으실 뿐 아니라 다시 살아나신 이는 그리스도 예수시니 그는 하나님 우편에 계신 자요 우리를 위하여 간구하시는 자시니라(롬 8:34).

63 허물로 죽은 우리를 그리스도와 함께 살리셨고(너희는 은혜로 구원을 받은 것이라) 또 함께 일으키사 그리스도 예수 안에서 함께 하늘에 앉히시니 이는 그리스도 예수 안에서 우리에게 자비하심으로써 그 은혜의 지극히 풍성함을 오는 여러 세대에 나타내려 하심이라(엡 2:5-7).

도들이 주님과 함께 하늘에 앉아 있다는 것은 엄연한 사실입니다.

지상의 성도들은 이미 주님과 공동 운명체입니다. 성도들의 생명이 주안에 있음으로 하늘 하나님과 연결되어 있을 뿐만 아니라 하나님과 생명으로 교제하며, 예수 그리스도의 구속 사역에 동참하고 있는 것입니다. 땅에 목매달고 살지 마십시오. 우리는 이미 하늘에서 땅을 다스리는 신령한 사람들입니다. 교회가 하늘과 땅을 연결하는 곳이며, 성도들이 하나님과 사람들을 이어 주는 대사들입니다.

8. 저리로서 산 자와 죽은 자를 심판하러 오시리라

> 하나님 앞과 살아 있는 자와 죽은 자를 심판하실 그리스도 예수 앞에서 그의 나타나실 것과 그의 나라를 두고 엄히 명하노니(**딤후 4:1**).

사도신경은 예수 그리스도의 과거와 현재와 미래를 증거하고 있습니다. 과거의 사건으로는 예수님의 탄생과 죽음과 부활과 승천을 말하였고, 현재의 사건으로는 예수님의 다스리심을 그리고 미래의 사건으로는 장차 심판하러 오실 것을 말하고 있습니다. 성경이 우리들에게 가르쳐 주는 것을 보면 예수님의 재림 때에는 우리들의 몸의 부활이 있겠고 또 사도신경이 말하는 완전한 영생이 있습니다. 이 재림 때에는 새로운 세계의 질서가 시작될 것입니다.

저리로서

사도신경의 "저리로서"라는 말씀에 대해 알아보겠습니다. 부활하신 주님께서는 많은 제자들이 일시에 보는 앞에서 승천하셨습니다.[64] 주님의 승천하심을 쳐다보고 있던 제자들에게 흰 옷 입은 두 천사가 말하기를 "이르되 갈릴리 사람들아 어찌하여 서서 하늘을 쳐다보느냐 너희 가운데서 하늘로 올려지신 이 예수는 하늘로 가심을 본 그대로 오시리라 하였느니라(행 1:11)."고 합니다. 따라서 "저리로서"라는 말은 '하늘로 가심을 본 그대로 하늘로부터'란 의미입니다. 때가 차매[65] 사람의 몸을 입고 초라한 모습으로 이 땅에 오셨던 주님께서는 때가 차면 하늘로 올라가셨던 것처럼 영광 중에 구름을 타고 다시 오실 것입니다.[66]

---

64 이 말씀을 마치시고 그들이 보는데 올려져 가시니 구름이 그를 가리어 보이지 않게 하더라 올라가실 때에 제자들이 자세히 하늘을 쳐다보고 있는데 흰 옷 입은 두 사람이 그들 곁에 서서(행 1:9–10).

65 때가 차매 하나님이 그 아들을 보내사 여자에게서 나게 하시고 율법 아래에 나게 하신 것은(갈 4:4).

66 주께서 호령과 천사장의 소리와 하나님의 나팔소리로 친히 하늘로부터 강림하시리니 그리스도 안에서 죽은 자들이 먼저 일어나고(살전 4:16).

재림의 약속

사도신경에서 "산 자와 죽은 자를 심판하러 오시리라."는 고백은 예수 그리스도께서 심판의 주로서 재림하신다는 말씀입니다. 성경에는 그리스도의 재림에 대한 약속이 1,518번이나 나옵니다. 예수님 자신도 분명히 말씀하셨고(마 24:30, 26:64), 사도들로 언급하였습니다(살후 4:16-17; 계 1:7). 특히 주님의 재림을 기다리며 소망하는 '마라나타(μαρανaθα, 고전 16:22, 주여 오시옵소서!)'라는 기도는 초대교회에서 빼놓을 수 없는 기도이며 갈망이었습니다. 성도는 주님께서 다시 오실 때까지 교회를 섬겨야 합니다.

재림의 형태

성경은 주님의 재림에 대해 말할 때 '친히(살후 4:16)' 그리고 '볼 수 있게(계 1:7)' 오신다고 강조합니다. 주님의 초림이 예언된 대로 또한 볼 수 있도록 이루어진 것처럼 그의 재림도 예언된 대로 또한 모든 사람이 볼 수 있도록 이루어질 것입니다. "…너희 가운데서 하늘로 올려지신 이 예수는 하늘로 가심을 본 그대로 오시리라(행 1:11)."고 하셨습니다.

주님의 재림을 초림과 비교해서 설명하자면, 초림 때는 그리스도께서 오셔서 고난 받고 죽임을 당하셨지만 재림 때는 영광 중에 오실 것입니다. 주님께서는 "…인자가 구름을 타고 능력과 큰 영광으로 오는 것을 보리라(마 24:30)."고 하셨습니다. 또한 초림 때는 그리스도께서 어린아이로서 오셨지만 재림 때는 만왕의 왕이요 만주의 주요 모든 영적 세력을 정복하신 승리자로 오실 것입니다(계 12:5). 또한 초림은 베들레헴에서 일어난 국지적인 강림이었지만 재림은 우주적인 강림이 될 것입니다. 주님께서도 "…천사들을 보내리니 그들이 그의 택하신 자들을 하늘 이 끝에서 저 끝까지 사방에서 모으리라(마 24:31)."고 하셨습니다.

도적같이 오시리라

예수께서 다시 이 땅에 오신다는 사건은 분명히 흥미 있는 일입니다. 그렇다면 언제 재림할 것입니까? 성경은 그때는 아무도 모른다고 선언합니다.[67] 그러므로 요한계시록에 나타난 수치들을 인용하여 재림의 시기를 말하면서 성도들을 현혹하는 무리들은 이단에 속한 무리들임에 틀림이 없습니다. 왜냐하면 이는 모두 상징적 표현의

---

67 그날과 그때는 아무도 모르나니 하늘의 천사들도, 아들도 모르고 오직 아버지만 아시느니라(마 24:36).

수치이지 정확한 수를 말하는 것이 아닐 수 있기 때문입니다. 분명히 그리스도의 재림의 시기는 알려지지 않았으며 또한 알 바도 아닙니다(행 1:7). 오히려 주님의 진리에 대하여 무관심한 죄인들과 무기력한 삶을 살아가는 사람들이 "평안하다. 안전하다."고 말할 때 '도적같이(살전 5:1-3),' 즉 어떤 경고도 없이 갑작스럽게 진행되기 때문에 두렵고 무서운 사건이 아닐 수 없는 것입니다. 그래서 교회와 성도는 깨어 있어야 합니다.

심판하러 오시리라

심판은 모든 인간에게 분명히 정해진 법칙입니다. "한번 죽는 것은 사람에게 정해진 것이요 그 후에는 심판이 있으리니(히 9:27)."라고 하셨습니다. 이 사실은 인간의 양심에 의해서도 잘 알려져 있습니다. 이 양심이 송사 혹은 변명한다고 했습니다(롬 2:15-16). 심판은 창세 이후로 성경 저자들에 의해 꾸준히 강조되어 왔던 바이며(삼상 2:10; 시 96:13), 예수님과(마 16:27) 사도들에 의해서도 경고되고 있습니다(행 17:31; 계 20:12). 특히 전도서 11장 9절에 있는 것처럼 마음에 원하는 길과 눈이 보는 대로 좇아 행하는 것은 인간의 자유로운 선택에 달렸지만 그 모든 일로 인해 반드시 심판이 있을 것이라는 말씀은 심판의 확실성에 대한 경고로 충분합니다.

1) 신자와 불신자를 가르는 심판

신자와 불신자를 가르는 심판이 있을 것입니다. 이 심판은 양과 염소를 가르는 심판이요(마 25:31–46), 알곡과 가라지를 가르는 심판이고(마 13:29–30), 좋은 고기와 나쁜 고기를 가르는 심판입니다(마 13:47–50). 예수 그리스도를 믿은 자는 첫째 부활(생명의 부활)에 참여하여 복이 선포되지만 믿지 않은 자는 둘째 부활에 참여하여 흰 보좌 앞에서 심판을 받고 둘째 사망에 던져지게 됩니다(계 20:15, 21:8).

2) 상급 심판

상급 심판이 있습니다. 마지막 날에 성도들도 그 행적에 따라 심판을 받을 것입니다. "…우리가 다 하나님의 심판대 앞에 서리라(롬 14:10)."는 것은 믿음의 행위에 따라 그 공력을 심판 받는다는 것입니다. 성도에게 공력, 즉 하나님의 말씀에 순종한 선한 행실이 없으면 구원은 얻지만 상급이 없습니다. 그것은 마치 '불 가운데서 얻은 구원(고전 3:15)'과 같습니다. 상급을 받으라고 주신 직분을 잘 감당해야 합니다.

3) 사탄과 그의 사자들을 심판

그리스도께서 재림하시면서 사탄과의 싸움은 결말이 납니다. 그때에 사탄은 불못(지옥)에 던짐을 당하고(계 20:9–10), 그의 사자들도 함께 심판을 받습니다(벧후 2:4; 유 1:6). 영원한 불은 본래 마귀와 그의 사자들을 위해 준비했던 곳입니다(마 25:41). 물론 불신자들이 그들을 따라가는 것도 자명한 이치입니다. 또한 짐승과 거짓 선지자들은 산 채로 불못(지옥)에 들어가고(계 19:19-20) 그들의 군대는 그리스도의 입에서 나오는 칼로 죽임을 당하게 될 것입니다(살후 1:7-10; 계 19:21).

임박한 종말

주님의 재림에 대한 언급 중에서, 데살로니가전서 4장 15절의 "우리가 주의 말씀으로 너희에게 이것을 말하노니 주께서 강림하실 때까지 우리 살아 남아 있는 자도 자는 자보다 결코 앞서지 못하리라."는 말씀과 로마서 13장 11-12절의 "또한 너희가 이 시기를 알거니와 자다가 깰 때가 벌써 되었으니 이는 이제 우리의 구원이 처음 믿을 때보다 가까웠음이라."는 말씀은 그리스도의 재림이 생동감 있고 긴박성을 가지고 다가오고 있다는 의미입니다. 이것은 사도들을 비롯한 초대교회 성도들의 간절한 소망이었고(계 22:20), 신앙생활의 근간이었으며(벧후 3:14), 뜨거운 선교의 열정을 갖게 하는 원동력이었습니다(행 1:8). 성도들은 주님께서 내일 오시리라는 심정으로 교회를 섬기고 세상을 섬기는 사람들입니다.

재림을 기다리는 사람들

초대교회 성도들이 극심한 환난을 참을 수 있었던 것은 주님께서 멀지 않은 장래에 반드시 재림하시리라는 소망이 있었기 때문이었습니다. 그리스도인의 신앙은 기다림의 신앙입니다. 그런데 이 기다림은 정적인 것이 아니라 동적인 것입니다. 그것은 행동하는 것이고 움직이는 것입니다.[68] 주님 오시기를 기다리면서 충성스럽게 교회를 섬기며, 주님 말씀에 순종하며 사는 것이 재림 신앙입니다. 그것이 성령의 인도를 따르는 삶이며, 성령 충만입니다.

---

68 그들이 기다리는 바 하나님께 향한 소망을 나도 가졌으니 곧 의인과 악인의 부활이 있으리라 함이니이다(행 24:15).

사도신경은 "…하나님 아버지를 내가 믿사오며
그 외아들 우리 주 예수 그리스도를 믿사오니."라고
신앙을 고백하고 있습니다.
예수님에 대한 신앙고백은 기독교 신앙의 시금석인
동시에 기독교를 세상 모든 종교 가운데
유일한 생명의 종교로 만드는
근본적인 요인입니다.
성경 전체가 이 예수님의 구세주 되심을 주장하고
입증하기 위하여 기록되었습니다.
구약성경은 세상을 죄로부터 구원할 구세주가
세상에 오실 것이라는 약속의 책입니다.
신약성경은 온 세상 만민들이 기다리던 구세주이신
예수 그리스도께서 드디어 세상에 오셨다는 것과
그가 곧 하나님이시라는 사실을 기록한 책입니다.

3장

성령을 믿사오며

전능하사 천지를 만드신 하나님 아버지를 내가 믿사오며,
그 외아들 우리 주 예수 그리스도를 믿사오니,
이는 성령으로 잉태하사 동정녀 마리아에게 나시고,
'본디오 빌라도'에게 고난을 받으사, 십자가에 못 박혀 죽으시고,
장사한 지 사흘 만에 죽은 자 가운데서 다시 살아나시며,
하늘에 오르사, 전능하신 하나님 우편에 앉아 계시다가,
저리로서 산 자와 죽은 자를 심판하러 오시리라.
성령을 믿사오며, 거룩한 공회와, 성도가 서로 교통하는 것과,
죄를 사하여 주시는 것과, 몸이 다시 사는 것과,
영원히 사는 것을 믿사옵나이다.
아멘.

1. 성령을 믿사오며

> 오순절 날이 이미 이르매 그들이 다같이 한 곳에 모였더니 홀연히 하늘로부터 급하고 강한 바람 같은 소리가 있어 그들이 앉은 온 집에 가득하며 마치 불의 혀처럼 갈라지는 것들이 그들에게 보여 각 사람 위에 하나씩 임하여 있더니 그들이 다 성령의 충만함을 받고 성령이 말하게 하심을 따라 다른 언어들로 말하기를 시작하니라(행 2:1-4).

성령 하나님

성령은 성부, 성자와 구별되는 3위 하나님을 지칭합니다. 오직 하나의 하나님이 계시며 그 성품은 나누어질 수 없으므로 성부, 성자, 성령, 세 개의 인격이 하나라고 하는 삼위일체에 대한 가르침은 신성한 진리입니다.

성령은 하나님의 속성을 다 가지고 계십니다. 먼저 그는 전지전능하십니다. 그는 창조에 관여하셨고(창 1:1-3; 시 104:30), 예수님의 초자연적인 잉태와 부활에 역사하셨으며(눅 1:35), 하나님의 깊은 것이라도 통달하십니다(고전 2:10). 성령은 또한 무소부재하십니다(시 139:7-10). 그러므로 그 누구도 그를 피할 수 없습니다. 성령은 또 성도들 안에도 거하십니다(롬 8:9, 11).

성령의 인격

성령의 사역을 나타내는 상징적인 표현들인 바람(요 3:8; 행 2:2), 불(행 2:3), 기름(고후 1:21; 요일 2:20, 27), 비둘기(요 1:32) 등을 연상하여 성령을 단순한 어떠한 영향력 혹은 세력으로 간주하는 경향이 있었습니다. 많은 이단들이 성령을 인격적인 하나님이 아니라 단지 한 능력 정도로 말하거나, 성령을 하나님으로 말은 하면서도 실상은 영향력 정도로 격하시킵니다. 물론 성령은 우리의 인격 안에 깊숙이 들어오셔서 삶에 영향력을 행사하시는 분이십니다. 그러나 그렇다고 해서 성령이 어떤 세력이나 영향력 그 자체만은 아닙니다. 성령은 세력이나 기운, 능력의 특성을 가지신 인격자이시고 전능하시며 영광스러운 하나님이십니다.

성경은 성령께서 '마음(롬 8:27)', '뜻(고전 12:11)', '감정(엡 4:30)'을 가지신 분이라고 말씀합니다. 이것은 성령의 인격성을 나타냅니다. 성령은 '그것(It)'이 아니라 '그분(He)'이십니다(요 15:26). 그리고 그의 행위 역시 인격적이십니다. 그는 가르치시고(요 14:26), 그는 증언하시고(갈 4:6), 그는 말씀하시며(계 2:7), 그는 명령하십니다(행 16:6-7).

보혜사(保惠師) 성령

'보혜사(파라클레토스 παρακλετοσ)'란 돕는 자, 조력자, 원조자, 위로자를 뜻합니다. 요한복음 14장 16절에서 예수님께서는 죽음을 앞두고 그 제자들을 버리지 아니하시고 영원히 함께 계시겠다는 말씀으로 "다른 보혜사를 너희에게 주사"라고 하셨는데, '다른 보혜사'란 '나와 같은 또 한 분의' 라는 의미입니다. 땅 위에 계실 동안은 예수님 자신이 하나님께 중재하는 보혜사였습니다. 그러나 이제 그리스도를 대신하는 성령이 이 이름으로 불리우는 것은 성령께서 예수님의 역할을 맡고 또 주님께서 자기 교회를 위해 맡은 여러 기능을 수행하는 또 하나의 보호자이기 때문입니다.

거듭나게 하시는 성령

성령의 사역 가운데 가장 두드러진 사역은 바로 인간으로 하여금 거듭나게 하시는 사역입니다. 아담의 범죄 이후, 타락한 인간은 하나님을 스스로 찾을 수 없게 되었고 하나님의 법에 굴복할 수 없을 뿐 아니라(롬 8:7) 영적인 일을 분변할 수도 없습니다(고전 2:14). 예수님께서는 오직 거듭난 자, 곧 중생한 자만이 하나님 나라에 들어갈 수 있다고 하셨습니다(요 3:5). 이 신비한 경험은 하늘에 속한 일이기 때문에(요 3:12) 육적으로는 도무지 이해할 수 없는 것이 당연합니다. 성령께서는 범죄한 인간을 예수를 믿음으로 새로 태어나게 하십니다.

1) 중생은 근본적인 변화이다

중생 시에 성령은 사람의 깊은 속, 곧 영혼, 심령 또는 마음속으로 침투하여 작용합니다. 이곳이 사람의 모든 사고와 행위의 발원지이기 때문입니다. 그러므로 중생이란 단지 행위의 변화, 생활의 개혁, 사상이나 언어 또는 행동의 혁신만을 말하지 않습니다. 중생은 성령께서 그 사람의 본성, 그의 마음, 그의 속사람을 변화시키는 것을 말합니다. 성령은 아주 신비한 방법으로 그 영혼을 변화시키십니다(요 3:6-8). 그러므로 중생을 받은 본인도 언제 이 일이 일어났는지 의식하지 못할 수가 있습니다.

2) 중생은 순간적인 사건이다

중생은 순간적으로 일어납니다. 그것은 식물의 성장처럼 몇 달이나 몇 해에 걸쳐서 일어나는 것이 아닙니다. 그래서 성경적 비유는 흔히 그리스도인은 순간적으로 새사람이 된다는 말로 중생을 설명하고 있습니다(고후 5:17). 그러므로 인간은 거듭난 사람이거나 그렇지 않으면 거듭나지 않은 사람이거나 그 어느 한쪽입니다. 예를 들면, 창조는 한 순간에 일어납니다. 어떤 물건이 존재하든지 존재하지 않든지 둘 중에 하나일 것입니다. 거기에 점진적인 중간 상태는 결코 있을 수가 없습니다. 또한 아기는 순간적으로 잉태됩니다. 생명이 있든지 아니면 없는 것입니다. 이와 같이 중생도 성령에 의해 순간적으로 일어나는 사건입니다.

3) 중생은 성령의 주권적인 사역이다

중생은 전적으로 성령의 주권적인 사역입니다. 성령은 꼭 그가 행하시는 대로 되도록 역사하십니다. 인간은 성령의 뜻을 좌절시키거나 혹은 조정할 수 없습니다. 왜냐하면 그것이 인간의 손에 달린 것이 아니기 때문입니다. 예수님께서 말씀하신 것처럼 성령은 바람과 같아서 임의로 붑니다(요 3:8). 아무도 바람을 명하여 불게 할 수 없음 같이 성령의 사역도 그러합니다. 성령께서 임의대로 사람을 중생 시키는 것입니다.

구원의 확신

성령은 우리로 거듭나게 하실 뿐 아니라 그 사실을 알고 구원을 확신할 수 있도록 하십니다. 로마서 8장 15-16절에 나타난 바와 같이 성령은 우리의 영과 함께 하셔서 우리가 하나님의 자녀라고 하는 사실을 계속적으로 증거하시고 우리가 하나님을 아빠 아버지라고 부르게 하십니다. 고린도전서 12장 3절에는 우리가 예수를 주라고 고백할 수 있는 것이 바로 성령의 역사라고 증거합니다. 그런 의미에서 그리스도인은 이미 성령을 받은 자이고 구원을 얻은 자인 것입니다.

또 에베소서 4장 30절에서는 우리가 성령 안에서 구속의 날까지 인치심을 받았다고 했는데, 여기 '인치심을 받았다'는 것은 도장을 찍어 보증했다는 의미로서 소유권을 뜻합니다. 어떤 사소한 물건이라도 인을 치게 되면 그때부터는 다른 사람이 손대지 못하듯이 성령께서 인을 치셨다면 성령의 소유가 되었다는 것을 뜻합니다. 성령께 '인치심을 받았다'는 것은 또한 보증하셨음을 의미합니다. 보증이란 어떠한 것의 확실성에 대해 책임을 지고 사실을 담당하는 것입니다. 이와 같이 성령께서는 우리가 그리스도를 믿음으로 구원에 이른 사실에 대해 끝까지 책임을 지고 우리의 신분을 보증해 주시기 때문에 우리의 구원은 더욱 확실한 것입니다.[69]

성령과 은사(恩賜)

고린도전서 12장 4절에서 사용한 '은사(카리스마타, χαρισματα)'는 '은혜의 근원'이라는 의미를 가지고 있습니다. 즉 하나님의 '은혜(카리스)'

---

69 그가 또한 우리에게 인치시고 보증으로 우리 마음에 성령을 주셨느니라(고후 1:22).

가 구체적으로 나타나는 것을 말합니다. 모든 은사는 하나님의 은혜에서 비롯되어 그리스도의 몸의 지체에게, 그리스도의 몸 안에서 사용하도록 성령에 의해 주어진 것입니다. 성령의 은사에 대한 성경적 증거는 로마서 12장, 고린도전서 12-14장, 에베소서 4장에 잘 나타납니다. 이것들을 종합하면 성령의 은사는 많게는 30여 가지에 이르며, 그 외에도 수많은 은사들이 있습니다.[70]

성령께서 각양 은사로 이렇게 자신을 나타내는 목적은 무엇입니까? 은사를 베푸시는 이유는 베드로전서 4장 10-11절에 "각각 은사를 받은 대로 하나님의 여러 가지 은혜를 맡은 선한 청지기같이 서로 봉사하라…이는 예수 그리스도로 말미암아 하나님이 영광을 받으시게 하려 함이니."라고 하신 것처럼 하나님이 영광을 받으시도록 함이 첫째 목적입니다.

또 고린도전서 12장 7절에 의하면 교회를 '유익하게 하심'입니다. 성령의 은사는 개개인을 세우기 위한 것이 아니라 예수 그리스도의 몸 된 교회를 세우기 위해 주신 것입니다. 교회는 성령의 피조물이며 은사의 공동체입니다. 그러므로 개개인이 성령의 은사를 발견하고 발전시켜 나간다면 성도들의 성숙과 더불어 성도들의 모임과 교

---

70 로마서 12장에는 예언, 섬기는 일, 가르치는 일, 권위, 구제, 다스림, 긍휼, 사랑 등의 은사가 언급되며, 고린도전서 12장에는 지혜의 말씀, 지식의 말씀, 믿음, 병 고침, 능력 행함, 예언, 영 분별, 방언, 방언 통역을 언급하고, 에베소서 4장에서는 사도, 선지자, 복음 전하는 자, 목사와 교사의 은사를 언급합니다.

회에 역동적인 힘을 주게 되고 생명력이 넘치는 운동이 활발하게 전개되어 교회는 급속도로 성장해 나갈 것입니다.

성도는 성령 충만(聖靈充滿)해야 한다

성령 충만은 모든 그리스도인들에게 주어진 명령입니다. 에베소서 5장 18절에 의하면 모든 그리스도인들은 성령으로 충만해야 될 책임이 있습니다. "술 취하지 말라 이는 방탕한 것이니 오직 성령으로 충만을 받으라."고 했습니다. 모든 사람들이 복음에 순종하여 그리스도를 믿어 구원에 이르도록 명령되어 있음에 반해 그 누구도 육신의 노력에 의해 거듭나야 한다고 격려되지는 않았습니다.

성령의 중생하게 하시는 사역은 오직 성령께만 달려 있으므로 인간의 행한 것에 기초가 되지도 않았으며 또 중생하라고 권면된 바도 없습니다. 그것은 구원에 관계된 사항입니다. 그러나 성령 충만은 그리스도인의 영적 생활에 관련된 것입니다. 성령 충만은 성경적 조건들을 만족시켰을 때 필연적으로 나타납니다. 그런 의미에서 성령 충만은 그리스도인으로 거듭나는 순간부터 그리스도인에게 적용되는 보편적인 책임이며 동시에 특권입니다.

둘째로 성령 충만은 반복적인 경험입니다. 성령 충만의 가르침에 대한 중요성은 충만하도록 명령된 동사의 시제에 관련이 됩니다. 에베소서 5장 18절에서 사용된 동사 '플레루테'는 현재 명령형으로 나타나 있습니다. 현재 시제는 시간적 개념을 나타내는 것으로, '계속해서 충만함을 받으라'는 말로 번역할 수 있습니다. 이 동사가 같은 구절의 '술 취함'의 상태와 비교한 것은 매우 흥미롭습니다. 즉 술로 취한 것과 같은 상태로 계속 머무르는 대신 그리스도인들은 온 몸의 기능이 성령의 능력과 지배를 받도록 계속적으로 충만해야 한다는 것입니다. 이러한 사실은 바울이 고린도전서 12장 13절에서 언급한 '세례 받는다'라는 동사 '에밥티스테멘'과 비교했을 때 더욱 명백해 집니다. '에밥티스테멘'은 문법적으로 부정과거형인데, 이는 성령께서 그리스도인으로 그리스도와 연합시키는 의미로서의 세례 베푸심(중생)이 단번에 영원히 성취된 사건임에 반해 성령 충만이 지속적, 반복적으로 이루어지는 경험임을 말하는 것입니다.

셋째로 갈라디아서 5장 22-23절에 의하면 성령 충만은 반드시 생활의 열매, 성령의 열매로 나타납니다. 그리고 그 열매는 반드시 성장합니다. 그런 의미에서 성령 충만은 그리스도인의 성화와 직접적인 영향이 있습니다. 성령 충만은 그리스도인의 삶을 변화시켜 주는 것입니다. 그 삶의 변화를 촉진하는 현장이 교회입니다. 교회에서 눈물을 흘리며 섬기면서 성령의 열매가 영글어 갑니다.

성령 충만하려면

성령 충만을 받기 위하여 그리스도인들은 먼저 "성령을 소멸하지 말며(살전 5:19)"라는 말씀을 지켜야 합니다. 여기 '소멸한다'는 것은 억누른다, 질식시킨다는 의미입니다. 사실상 완전한 의미에서 성령을 소멸하거나 없애는 것은 불가능합니다. 성령의 존재는 결단코 소멸될 수 없는 하나님이십니다. 그러므로 "성령을 소멸하지 말라."는 말씀은 성령의 인도하심을 저항하거나 거역하지 말라는 의미를 담고 있습니다. 만일 자기 속에서 깨우침을 주시고 생각들을 유발시키시는 성령의 인도하심을 거절하거나 무시한다면 이는 성령을 소멸하는 것입니다. 자신이 고의적으로 성령을 물리치거나 성령께서 시키지 않는 일을 고의적으로 한다면 이는 성령의 인도하심을 받지 않는 것이고 그 결과로 그는 성령께서 인도하시는 복된 삶을 누릴 수 없는 것입니다.

둘째로 "하나님의 성령을 근심하게 하지 말라…(엡 4:30)."는 명령이 있습니다. 갈라디아서 5장 17절에서 '육체의 소욕은 성령을 거슬린다'고 말한 것처럼, 그리스도인들이 성령께 반대되는 어떤 것, 즉 탐욕과 정욕에 자신을 맡긴다면 성령은 더 이상 그들을 인도하지 않으실 것이고 그것은 성령을 근심하게 하는 것입니다. 성령은 비둘기같이 온유하시고 성결하신 분이심을 명심해야 합니다.

마지막으로 "…성령을 따라 행하라…(갈 5:16)."는 명령이 있습니니다. 이 가르침 속에는 그리스도인들 안에 거하시는 성령의 능력과 임재에 의해 행하라는 긴박한 권면이 들어 있습니다. 여기서 사용된 단어 '프뉴마티'는 '성령에 의해서'를 의미하며, '페리파테이테'는 현재 시제로 '계속해서 행하라'는 뜻입니다. 그러므로 만일 그리스도인들이 육체의 욕심을 버리고 성령 충만한 삶을 살기를 원한다면 '성령에 의해서 계속 행할 것'이라는 가르침입니다. 성도는 자기 뜻을 좇아 살거나, 성령의 인도하심을 알고 미적거려서는 안 됩니다. 적극적으로 성령의 인도하심을 좇아가야 합니다. 그렇게 하기 위해서는 무릎을 꿇는 삶, 헌신하는 삶이 필요한 것입니다. 성령은 흘리는 눈물의 양을 따라 역사하십니다.

성령의 열매

앞서 언급한 대로 성령 충만한 성도들은 성령의 열매를 맺습니다. 성령 충만은 어떤 특별한 현상이나 특이한 체험만을 필요로 하는 것은 아닙니다. 눈에 보이는 체험만을 강조하면 자칫 잘못된 신앙으로 빠질 위험이 있음을 알아야 합니다. 성령 충만은 열광적인 형태로도 나타나지만 오른손이 한 일을 왼손이 모르게 행하는 은밀한 선행, 교회를 섬기는 일, 기도 등 다양한 형태로 나타나는 경우가 훨씬 많습니다. 성령 충만한 성도는 그의 삶 가운데서 하나님이 기뻐하시는 아름다운 열매를 맺는 것이 아주 당연한 일입니다.

성령의 열매는 베드로 사도에 따르면 믿음, 덕, 지식, 절제, 인내, 경건, 형제 우애, 사랑입니다(벧후 1:5-7). 그리고 바울 사도에 따르면 사랑, 희락, 화평, 오래 참음, 자비, 양성, 충성, 온유, 절제입니다(갈 5:22-23).

성도가 하나님의 은혜를 받는 것도 중요하고 은사를 많이 활용하는 것도 중요하지만 더욱 중요한 것은 하나님의 최대의 관심인 거룩함(레 11:45)과 성령의 열매를 맺는 것입니다. 이것은 결코 한 때의 노력으로 끝나는 것이 아닙니다. 하나님의 은혜, 성령의 은사, 신앙인의 믿음과 소망이 어우러져서 인생 가운데 모아질 때 열매를 맺히게 되는 것입니다. 그리스도인의 경건 생활을 통해 하나님의 열매가 많이 맺혀져서 하나님께 영광을 돌리는 것이 우리 삶의 목적인 것입니다. 논밭의 작물들은 태양, 바람, 비를 먹고 결실하고, 성령의 열매는 기도와 헌신의 눈물로 결실합니다.

2. 거룩한 공회와 성도가 서로 교통하는 것과

> 고린도에 있는 하나님의 교회 곧 그리스도 예수 안에서 거룩하여지고 성도라 부르심을 입은 자들과 또 각처에서 우리의 주 곧 그들과 우리의 주 되신 예수 그리스도의 이름을 부르는 모든 자들에게(고전 1:2).

거룩하다 거룩하다 거룩하다

하나님을 모신 스랍들은 하나님을 향해 "거룩하다 거룩하다 거룩하다."고 하여 쉬지 않고 거룩송으로 하나님을 찬영합니다.[71] '거룩(카도쉬)'이라는 말은 '구별되었다, 구별한다'라는 뜻입니다. 그것은 하나님의 편에 속하도록 구별한 하나님의 소유물이라는 뜻입니다. 이 세상에 있으나 이 세상에 속한 것이 아니라 하나님께 속했다는 뜻입니다. 그러므로 거룩한 교회라는 고백은 교회가 세상과 구별되어서 하나님께 속한 공동체라는 고백입니다. 교회는 타락한 이 땅에 있는 구별된 하나님의 백성 공동체입니다. 교회의 거룩은 하나님의 거룩한 영이신 성령의 새롭게 하시는 역사로 말미암은 내적 기룩입니다. 교회가 거룩하기 때문에 교회에 속한 성도들도 거룩합니다. 교회를 사랑하고 교회에 헌신하면서 더욱 거룩해져 갑니다.

---

71 서로 불러 이르되 거룩하다 거룩하다 거룩하다 만군의 여호와여 그의 영광이 온 땅에 충만하도다 하더라(사 6:3).
네 생물은 각각 여섯 날개를 가졌고 그 안과 주위에는 눈들이 가득하더라 그들이 밤낮 쉬지 않고 이르기를 거룩하다 거룩하다 거룩하다 주 하나님 곧 전능하신 이여 전에도 계셨고 이제도 계시고 장차 오실 이시라 하고(계 4:8).

거룩한 교회(공회)

사도신경에서 교회에 대한 고백을 보면 우리말로 '거룩한 공회'라고 되어 있는데, 영어로는 'Holy Catholic Church'로 표기하고 있고 원전인 라틴어에는 '상카 에클레시아 카토리카'라고 표기하고 있습니다. 우리나라에서는 이러한 '카토리카'라는 단어에 거부감을 느껴서 '공회'라고 의역을 했습니다. 그러면 '카토리카'의 의미는 무엇입니까? '카토리카'의 어원이 되는 '카토리코스'는 우주적, 보편적이라는 뜻을 가지고 있습니다. 그러므로 여기서는 성도들이 하나의 우주적, 보편적, 무형의 교회를 믿는다는 것입니다.

1) 하나의 교회(우주적 교회)

먼저 우주적 교회라는 의미를 생각해 봅시다. 지역적인 교회들은 거룩한 우주적 교회의 일부분입니다. 우리가 믿는 것은 개개의 교회가 아니라 지정학적 개념을 초월한 그리스도를 머리로 한 시공을 초월하는 온 우주적인 오직 하나의 교회인 것입니다.[72]

2) 보편적 교회

다음으로 보편적 교회라는 말에 대해 생각해 봅시다. 그리스도는

---

72 교회는 그의 몸이니 만물 안에서 만물을 충만케 하시는 이의 충만함이니라(엡 1:23).

교회의 머리가 되시며 세계의 모든 교회는 그의 몸입니다. 머리가 하나인 것처럼 몸도 하나입니다. 그리스도께서는 자기의 몸을 나누어 주면서 각기 다른 교회를 세울 것이라고 분부하시지 않고 하나의 교회를 세울 것을 분부하셨습니다. 누구든지 예수 그리스도를 구주로 믿고 고백하면 그리스도께 속한 자이며 참 교회의 구성원이 됩니다. 여기에 진정한 교회의 보편성이 있는 것입니다(엡 2:19-20).

3) 무형적 · 유형적 교회

이제 무형적 교회에 대해서 생각해 보겠습니다. 교회는 유형적 교회와 무형적 교회로 나뉘어집니다. 유형적 교회는 역사 안에 존재하며, 특정한 지역에 모이는 신앙의 공동체로 지역 교회를 말합니다. 그러므로 교회는 그리스도를 통하여 하나님께서 모으신 믿는 자들의 무리로 하나님께서 그리스도로 말미암아 세우신 하나님의 교회로서 무형적이고 완전한 교회입니다. 유형적 교회는 무형적 교회의 그림자입니다. 우리는 이 신령하고 완전한 무형적 의미로서의 교회를 믿는 것입니다.그러므로 성도들은 자신이 소속된 유형적 교회를 잘 돌보고 섬기는 것이 중요합니다.

교회에 대한 다양한 표현

1) 하나님의 백성

구약성경에서 교회에 해당되는 말은 '에다(edhah)'와 '카할(qahal)' 입니다. '에다'는 '임명하다'라는 뜻으로 명령되어 모인 이스라엘 백성이란 의미를 가지며, 후에 이스라엘의 회당(시나고그)과 연결됩니다. '카할'은 '불러내다'라는 뜻으로 원래 의회를 소집한다든지 군대를 소집한다는 의미를 가졌는데 하나님의 주권적인 선택과 은총으로 부르시고 계약의 백성으로 세운 이스라엘을 의미하게 되었습니다.

신약성경에서 교회에 해당되는 말은 '에클레시아(ekklesia)'인데, 이것은 구약의 '카할'을 계승하고 있습니다. 이것은 집회, 믿는 이의 무리, 그리스도를 통하여 하나님께서 모으신 자들의 무리라는 뜻이 있습니다. 그래서 신약 교회의 성도들은 하나님의 택하심을 입은 자들이며(롬 8:33; 고전 1:26; 살후 2:13), 하나님께서 재창조하신 새로운 하나님의 백성이요(롬 9:25), 은혜로 부르시어(벧후 2:9) 하나님께 속한 참 이스라엘이라고 말합니다. 성도들이 하나님의 백성입니다.

2) 성전

구약은 장차 임할 하나님의 나라에서 새로운 하나님의 성전이 창조될 것을 말하고 있습니다. 그런데 예수 그리스도께서는 자신의 죽음을 통해 손으로 짓지 않은 새로운 성전을 세울 것이라고 예언하셨습니다(막 14:58). 교회를 성전으로 이해하는 사상은 바로 이러한 예수님의 말씀에 기초합니다(고전 3:11). 신약 교회는 사도들과 선지자들의 터 위에 세움을 입었으며 그리스도께서는 친히 모퉁이 돌이 되십니다. 교회 내의 구성원들은 산돌들이 되어(벧후 2:4-10), 그리스도를 중심으로 서로 연결되어 영적인 성전이 되어 가는 것입니다(엡 2:20).

3) 그리스도의 몸

이 표현이 의미하는 바는, 먼저 교회의 통일성과 완전성입니다. 십자가에 못 박히신 그리스도의 몸은 많은 사람을 하나로 연합시켰습니다(고전 12:12). 모든 성도들은 그리스도와 함께 죽고 부활했기 때문에 그의 몸에 동참하여 같은 부활의 생명을 누리는 공동체가 되었다는 것입니다(고전 15:20-22).

둘째로 교회는 영광의 그리스도께 참여하고 그를 통해 양육을 받으며 성장해 감을 나타냅니다(엡 4:13; 골 1:19). 몸이라는 이미지가 말해 주듯이 그리스도께서는 교회의 구성원에게 생명을 불어넣고 통제하며 지도하는 일을 계속하신다는 것입니다.

이 표현은 셋째로 그리스도께서 교회에 나타나셔서 성도들과 살아 있는 관계를 맺으심을 나타냅니다. 성도들은 성령께서 주신 여러 종류의 은사들을 기초해서 그리스도의 '지체들'로 불립니다(고전 12:12). 그리스도께서는 이들 지체들을 통해 역사하시기 때문에 지체들은 자신들에게 주어진 성령의 은사를 교회와 그리스도를 위해 사용해야 합니다. 각각의 은사들은 몸의 지체와 같이 각각의 기능들을 가지고 있어서 서로 우월함을 비교할 수 없습니다(고전 12:12-27). 따라서 성도들은 겸손한 마음과 봉사의 정신 그리고 협력함으로 받은 은사를 사용해야 할 것을 요청받고 있습니다.

넷째로 그리스도께서 교회와 만물의 머리가 되심을 강조합니다(엡 1:22; 골 1:18). 여기서 머리가 되신다는 것은 그리스도의 구속 공동체인 교회 뿐 아니라 그가 창조한 만물에 대해서도 우월성을 소유하고 있음을 함축하고 있습니다. 그러므로 교회는 세상에서 그리스도의 효과적인 도구로서 사용되는 그의 몸이며, 그리스도는 교회를 통해 세상을 통치하십니다.

다섯째로 교회는 그리스도의 몸이므로 오직 머리이신 그리스도에 의하여 세워지고 존재하는 근거를 가지고 있으며 그 머리를 떠나면 몸 된 교회는 생명을 잃게 됨을 의미합니다. 이것은 마치 포도나무의 가지가 줄기에서 떨어지면 죽는 것같이(요 15:5) 교회는 그리스도와 연결되어 그리스도로부터 힘을 받아 인도될 때에만 존립하는 것을 강조합니다.

4) 그리스도의 신부

교회에 대한 표상 중에서 특이한 것은 남편과 아내의 관계를 예로 들어 교회를 그리스도의 신부로 묘사했다는 것입니다(엡 5:25). 그러므로 교회는 그리스도를 위하여 순결하게 준비된 신부로서 그리스도께 나아가야 합니다. "내가 하나님의 열심으로 너희를 위하여 열심을 내노니 내가 너희를 정결한 처녀로 한 남편인 그리스도께 드리려고 중매함이로다(고후 11:2)."라고 했습니다. 여기에 교회의 내적 거룩이 있습니다. 이 거룩은 강요된 거룩이나 외식적인 거룩이 아니라 신령한 거룩입니다. 이것은 곧 악하고 음란한 세대에서 영적인 음란을 거부하고 온전히 하나님을 섬겨야 한다는 의미입니다.

교회의 본질

이상에서 살펴본 진리에 기초하여 교회를 정의합니다. 교회는 하나님께서 성령의 역사를 통해 예수 그리스도의 이름으로 부르셔서 예수의 피로 구속하여 예수 그리스도의 몸에 접붙인 자들의 공동체입니다. 그리고 이 교회는 그리스도의 몸이기 때문에 거룩합니다. 교회는 그리스도의 몸이기 때문에 영광스럽습니다. 모든 시대의 온 세상 모든 지교회는 그리스도의 몸이기 때문에 시공을 초월하여 하나입니다. 구원받은 성도는 그리스도의 몸에 영적으로 결합되어 있기 때문에 영생하며, 거룩합니다.

교회의 기초 '신앙고백'

마태복음 16장 18절에서 예수님께서는 "…너는 베드로라 내가 이 반석 위에 내 교회를 세우리니 음부의 권세가 이기지 못하리라."고 하셨습니다. '반석'은 베드로를 지칭하는 것이 아니고 베드로가 고백한 신앙고백을 지칭합니다. 참된 신앙고백이 있는 곳에 참된 교회가 설립될 수 있고 그래야만 악의 세력과 싸우면서 주님께서 오시는 그 날까지 항구적으로 존재할 수 있습니다.

교회의 기초는 예수 그리스도이십니다. 부활하여 승천하신 예수 그리스도는 약속대로 오순절에 강림하신 성령으로 인하여 교회를 설립하셨고 성령 안에서 역사하십니다. 그래서 마태복음 18장 20절에서 "두세 사람이 내 이름으로 모인 곳에는 나도 그들 중에 있느니라."고 하셨습니다. 이는 교회가 인간적인 이해관계로 설립되는 것이 아니라 예수 그리스도 안에서 설립되어 지금도 예수 그리스도께서 살아 일하시는 곳임을 의미합니다.

교회의 기초가 예수 그리스도라는 사실은 교회의 불멸성을 말합니다. 개 교회나 지역의 교회가 지상에서 자취를 감출 수는 있지만 무형 교회는 소멸되지 않고 계속됩니다. "내가 이 반석 위에 내 교회를 세우리니"라고 하신 교회는 예수님께서 친히 세우셨으므로, "음부의 권세가 이기지 못하리라(마 16:18)."고 하셨던 것입니다.

교회의 권세

가이사랴 빌립보에서 베드로의 위대한 신앙고백이 있은 후, 예수님은 베드로의 신앙고백 위에, 즉 교회에 천국의 열쇠를 주겠다고 하셨습니다(마 16:19). 성경적 증거로 볼 때 사람을 용서하고 정죄하는 권한이 전적으로 주님께 달렸다는 것은 너무나도 분명합니다. 그러면 천국 열쇠를 교회에 주신 뜻은 무엇입니까? 그것은 죄를 회개하고 그리스도를 구주로 믿고 고백하는 자에게 정죄함이 없다는 복음의 진리를 구체적으로 선언한 것입니다. 그리스도께서 교회에 주신 권세는 세상 나라의 권세가 아니라 영적 권세로서 이 권세의 행사는 아버지께서 말씀의 능력을 받아(요 17:8) 마귀의 세력을 굴복시키고 교회에 신령한 축복을 하며 죄를 용서하는 복음의 진리를 전하는 것입니다.

교회의 기능

1) 예배

교회는 하나님께 예배하고 기도하는 곳입니다(마 21:13). 그러므로 교회 생활의 중심은 공예배를 잘 드리는 것이며, 그 가운데 우리의 신앙이 성장하는 것임을 알아야 합니다. 어떻게 죄인이 거룩하신 하나님께 예배할 수 있습니까? 단 하나의 근거는 의로우신 하나님께서 받으신 제물이신 예수 그리스도의 피를 통해 하나님 앞에 나아갈 수 있기 때문입니다. 그러므로 진정한 예배는 인간적인 방법이나 기원에 따른 것이 아니라 하나님의 규례에 따르는 것임을 알아야 합니다.[73]

하나님은 영이시므로 예배드리는 자는 신령과 진정으로 예배를 드려야 합니다(요 4:24). 하나님께서는 외형적이고 형식적인 예배를 거절하십니다(사 1:12). 하나님께서는 예배자의 내면의 참되고 솔직함을 보십니다. 그러므로 우리는 주일이면 지 · 정 · 의, 전 인격을 가지고 하나님께 나아가야 합니다. 예배는 신앙생활의 처음이며, 결론입니다.

2) 복음 전파

하나님의 은혜를 다른 사람에게 전파하는 것은 교회의 중요한 기능입니다. 초대교회는 초창기부터 하나님의 복음을 전파하는 공동체로 출발했습니다. 초대교회 성도는 많은 핍박을 받으면서도 복음 전파에 힘썼고 순교를 당하면서도 그리스도의 지상명령을 사수했습니다. 전도는 다른 사람을 그리스도께로 인도하는 것

---

73 그러므로 형제들아 우리가 예수의 피를 힘입어 성소에 들어갈 담력을 얻었나니 (히 10:19).

이요, 좋은 소식을 전하는 것이요, 하나님의 복음과 사람이 만나게 하여 그것을 받아들일 기회를 제공하는 것입니다. 우리 주님은 우리 모두와 관련이 되는 지상명령(The Great Commission)을 주셨습니다.[74] 전도합시다.

3) 교육

교육 또한 교회의 기능 중의 한 부분입니다. 주님께서는 마태복음 28장 19절에서 "내가 너희에게 분부한 모든 것을 가르쳐 지키게 하라…."고 하셨습니다. 그러므로 교회는 갓난아이가 잘 자라도록 양육하는 부모의 심정을 가지고 하나님의 말씀으로 성도들을 잘 양육하여 그리스도 안에서 완전한 자로 세워야 합니다(골 1:28). 특히 말세에는 거짓 선지자들의 미혹이 많으므로 하나님의 말씀으로 잘 무장시켜 믿음의 뿌리를 굳게 내려 어떤 경우이든 넘어지지 않도록 해야 할 것입니다. 평생 배웁시다.

4) 교제와 봉사

교회는 하나님의 자녀가 된 성도들이 서로 신령한 교제를 하면서

---

74 너희는 가서 모든 민족을 제자로 삼아 아버지와 아들과 성령의 이름으로 세례를 베풀고 내가 너희에게 분부한 모든 것을 가르쳐 지키게 하라…(마 28:19-20).
오직 성령이 너희에게 임하시면 너희가 권능을 받고 예루살렘과 온 유대와 사마리아와 땅 끝까지 이르러 내 증인이 되리라 하시니라(행 1:8).

그리스도의 사랑으로 위로하고 받은 은사로 봉사하는 일을 감당해야 합니다. 그것은 잘못된 인간관계로 인해 고통하고 고독감에 시달리고 있는 사람들에게 참 평안을 말하며 교제의 장소를 만들어 주는 것이 교회의 사명이기 때문입니다. 즉 교회는 그리스도와 함께 섬기며(디아코니아), 그리스도 안에서 교제하는(코이노니아) 곳입니다. 교회가 이 사명을 잘 감당할 때 성도들의 영적 신앙이 성장하고 하나님께서 영광을 받으시는 것입니다. 교회의 교제에 대해서 구체적으로 살펴보겠습니다.

교회와 하나님의 나라

성경에서 하나님의 나라는 그리스도의 성육신과 함께 지상에 실체적으로 임재한 것, 즉 성도의 심령(눅 17:20, 21)과 성도들의 모임인 교회(마 13:31, 33, 44, 47)를 가리키기도 하고, 새 하늘과 새 땅(계 21:1-4)을 가리키기도 합니다. 이와 같이 그리스도의 영적 왕권이 미치는 영역을 하나님 나라로 볼 때 이는 지상의 교회와는 부분적으로 일치하고, 하늘에 있는 승리적 교회와는 완전히 일치합니다.

성도가 서로 교통하는 것

'코이노니아'는 '교제'라는 말로, '디아코니아'라는 말은 '섬김'이나 '봉사'라는 말로 사용됩니다. 코이노니아와 디아코니아는 구체적인 교회의 모습을 보여 주는 중요한 용어입니다. 코이노니아는 교회와 관련해서 세 가지 차원의 교제를 가집니다.

1) 하나님과 교제

하나님과의 교제에 관해 성경은 성부, 성자, 성령, 즉 성삼위 하나님과의 교제를 언급합니다. 먼저 성부 하나님과의 교제입니다. 사도 베드로는 그리스도인을 가리켜 '신의 성품에 참여하는 자'라고 부릅니다.[75] 이 말은 '하나님께서 소유하시는 본질을 공유하는 자'라는 내용을 담고 있습니다. 그리스도인은 하나님께서 소유하시는 본질을 공유하는 자입니다. 다음은 예수 그리스도와의 교제입니다. 하나님의 은혜는 시간을 초월하여 성도로 예수 그리스도와 만나게 합니다. 하나님은 사람을 부르셔서 자신의 아들 예수 그리스도와 교제를 나누게 하십니다(고전 1:9). 이 단어가 원래 '참여'의 뜻을 가지는 것을 고려한다면(고전 10:16처럼), 마지막으로 성령과의 교제입니다. 사

---

75 이로써 그 보배롭고 지극히 큰 약속을 우리에게 주사 이 약속으로 말미암아 너희가 정욕 때문에 세상에서 썩어질 것을 피하여 신성한 성품에 참여하는 자가 되게 하려 하셨느니라(벧후 1:4).

도 바울은 '성령의 교제(빌 2:1)'를 말합니다. 성령과의 교제는 성령의 생각에 참여하고, 성령의 은혜에 참여하며, 성령의 능력에 참여하는 것을 의미합니다. 이것은 성령께서 가지고 있는 뜻에 민감하게 되는 것입니다. 사도 바울의 표현을 따르면 성령과의 교제는 성령의 소욕을 따르는 것입니다(롬 8:5-6; 갈 5:16-26). 하나님과 교제는 기도로 시작되고, 기도로 완성됩니다.

2) 성도의 교제

초대교회는 사도의 가르침을 따라(행 2:42) 새로운 방식의 공동체가 되었습니다.[76] 초대교회에서 나타난 재물의 통용은 놀랍고 특이한 일이었습니다. 물론 초대교회 당시에나 현재도 이와 비슷한 시도가 없었던 것은 아닙니다. 당시에 엣세네파(쿰란공동체)가 유사한 방식을 사용했으나 그들은 이것을 광야로 물러 나가서 행했습니다. 제한된 생활 속에서 시행한 것입니다.[77] 그러나 교회는 이 일을 삶의 터전에서 시행하였습니다. 개방된 삶 속에서 한 것입니다. 물질적인 교제는 이와 같이 교회 내적으로 표현되었을 뿐 아니라 교회 외적으로도 표현

---

76 믿는 사람이 다 함께 있어 모든 물건을 서로 통용하고 또 재산과 소유를 팔아 각 사람의 필요를 따라 나눠 주며(행 2:44-45).

77 오늘날도 여러 종교 단체 혹은 비슷한 취향을 가진 사람들이 크고 작은 공동체 마을을 이루어 공동생활을 하고 있으나, 이것은 어디까지나 공동체 마을이라는 지역에 한정되고 있습니다.

되었습니다. 초대교회는 연보를 통하여 연약한 교회를 돕는 일을 힘써 하였습니다. 이것은 그리스도의 은혜를 본받는 것입니다(고후 8:9).

성도의 교제는 영적 지식의 교류로도 표현되었습니다. 이것은 영적 지식이 교환되는 영적 교제입니다. 사도 바울은 빌립보 교회에 편지를 보내면서 이런 내용을 잘 말해 주고 있습니다. 빌립보서 첫머리를 보면 사도 바울이 빌립보 교회를 놓고 감사하는 내용이 나타납니다. 사도 바울이 빌립보 교회를 놓고 감사하는 내용은 빌립보 교회의 복음 교제입니다. 빌립보 교회는 성도들이 복음 교제를 가지고 있기 때문에 사도 바울은 감사했던 것입니다.

3) 대사회적 교제

대사회적인 교제는 교회가 지역 사회를 향해 나누어 주는 것입니다. 기독교는 값없이 구원받은 감격을 세상에 전하는 방식으로 복음 전도와 사회봉사를 동시에 사용합니다. 교회가 복음과 구제로 사회를 섬기는 것입니다. 하나님과의 교제와 성도의 교제가 조화를 이룰 때 그 결과는 필연적으로 사회에 대한 섬김으로 나타납니다. 사실, 가난한 이들을 향한 구제로서의 사회봉사는 정상적인 교회의 가장 근본적이고도 중요한 사역입니다. 사회봉사, 사회복지는 철저히 기독교적 개념입니다. 이 일을 통해서 교회는 사회가 현재적으로는 악하고 죄악으로 가득 차 있지만 장차 하나님 나라처럼 변할 것이라는 소망을 가지고 사회를 섬기는 것입니다.

3. 죄를 사하여 주시는 것과

> 이러므로 내가 네게 말하노니 그의 많은 죄가 사하여졌도다 이는 그의 사랑함이 많음이라 사함을 받은 일이 적은 자는 적게 사랑하느니라(눅 7:47).

의인은 없다 하나도 없다

자기 자신을 아는 일처럼 중요한 것은 없습니다. 그런데 불행히도 우리 인간은 스스로를 잘 모릅니다. 어디서 왔는지도 모르고 어디로 가는지도 모르며, 왜 사는지도 잘 모릅니다. 누가 우리 인간에 대해서 잘 알까요? 인간을 창조하신 하나님만이 우리 인간에 대해 정확하게 아실뿐만 아니라 우리 인간이 가야 할 길, 해야 할 일도 정확하게 알고 계십니다.

하나님께서는 하나님의 형상으로 인간을 창조하셨습니다. 그런데 인간은 하나님을 경배하는 대신 하나님처럼 되려는 교만함에 빠져 하나님을 배반하고 하나님을 떠나 버린 죄인이 되어버렸다고 말씀하십니다. 그리고 인간은 죄의 값으로 죽어 그 영혼이 하나님 앞에 서서 심판받게 될 것이라고 말씀하십니다. 모든 사람은 이 땅에서 살았던 결과에 따라 심판을 받습니다. 심판의 결과는 불행하게도 지옥행입니다. 모든 사람은 죄를 지었기 때문에 아무도 심판을 피할 수 없습니다.

> 모든 사람이 죄를 범하였으매 하나님의 영광에 이르지 못하더니(롬 3:23).
>
> 기록한 바 의인은 없나니 하나도 없으며 깨닫는 자도 없고 하나님을 찾는 자도 없고(롬 3:10-11).

하나님을 떠난 것이 죄의 시작이다

그러면 죄란 무엇일까요? 거짓말하고 도둑질하는 것도 죄지만 죄의 본질은 우리를 창조하시고, 먹이시고, 입히시며, 살리시는 하나님을 떠난 것입니다. 하나님으로부터 생명을 받고, 하나님의 도움으로 살면서도 하나님을 모른 척하거나, 하나님을 비방하거나 하나님을 섬기지 않는 것, 하나님의 말씀대로 살지 않는 것이 모두 죄입니다.

죄를 지은 사람은 반드시 죽는다

천하를 호령하며 한 시대를 풍미하던 영웅들도, 이름없이 살다간

민초들도 모두 죽었고 심판을 받았습니다. 대부분의 사람들은 죽은 사실은 알지만 그 영혼이 심판 받았다는 사실은 알지 못합니다. 죽고 심판 받은 원인은 죄 때문입니다. 창조 세계에는 하나님께서 정하신 정교한 법칙들이 있습니다. 죄 지은 자는 반드시 죽고 심판을 받는다는 법칙도 하나님께서 인류에게 정하신 만고불변의 법이요 진리입니다.

> 한번 죽는 것은 사람에게 정해진 것이요 그 후에는 심판이 있으리니(히 9:27).

하나님은 사랑이시다

그러나 하나님께서는 한 사람도 심판 받고 지옥 가기를 원하지 않으십니다. 모두가 회개하고 구원받아 하나님의 자녀가 되어 영생 얻기를 원하십니다. 하나님은 사랑이십니다.

> 하나님이 세상을 이처럼 사랑하사 독생자를 주셨으니 이는 그를 믿는 자마다 멸망하지 않고 영생을 얻게 하려 하심이라(요 3:16).

여기 길이 있다

그러면 어떻게 우리가 다시 하나님께 돌아가 하나님께 영광을 돌리며 감사를 드릴 수 있을까요? 아무렇게나 하나님께 나아갈 수 있을까요? 수많은 사람들, 모든 민족들이 하나님께 나아간다고 나아갔으나 결과적으로 우상을 섬기는 길로 빠지고 말았습니다.

하나님께 가는 길은 여기저기에 많이 있는 것이 아닙니다. 하나님께서는 인간이 하나님께 이르는 길을 한 가지만 만들어 놓으셨습니다. 예수님만이 하나님께 갈 수 있는 유일한 길입니다. 다른 길은 없습니다. 예수님만이 하나님께 나아가는 길입니다.

> 예수께서 이르시되 내가 곧 길이요 진리요 생명이니 나로 말미암지 않고는 아버지께로 올 자가 없느니라(요 14:6).

다른 방법, 다른 이름으로는 하나님께 나아갈 수도, 구원을 받을 수도 없습니다. 예수 이름 외에, 교회 외에도 영생을, 극락을, 구원을 받을 수 있다는 달콤한 유혹에 넘어가면 그 영혼이 망합니다. 그러면 왜 하나님께서는 하나님께 나아가는 길을 여러 가지로 만들지 않으셨을까요? 그것은 신비 중의 신비입니다.

> 다른 이로써는 구원을 받을 수 없나니 천하 사람 중에 구원을 받을 만

한 다른 이름을 우리에게 주신 일이 없음이라 하였더라(요 4:12).

어떻게 예수님을 알 수 있는가?

그러면 우리는 어떻게 하나님께 가는 길인 예수님을 알 수 있을까요? 예수님은 성경을 통해서만 알 수 있습니다. 성경은 하나님께서 우리 인간에게 하나님의 뜻을 알려 주신 소중한 책입니다. 하나님께서는 우리 인간에게 하시고 싶은 말씀, 우리 인간이 진정으로 필요한 것들을 모두 성경에 기록해 놓으셨습니다. 그리고 성경의 중심 주제가 예수님입니다. 힘써 예수님을 알아야 합니다.

너희가 성경에서 영생을 얻는 줄 생각하고 성경을 연구하거니와 이 성경이 곧 내게 대하여 증언하는 것이니라(요 5:39).

예수님은 누구신가

하나님께서 성경을 통해 말씀하시는 구원자 예수님은 어떤 분일까요? 먼저 예수님은 하나님의 아들이십니다. 아들은 아버지의 모든 것을 보여 줄 뿐만 아니라 아버지를 대신해서 권세를 행사하시는 분입니다. 즉 예수님은 하나님이라는 것입니다.

> 시몬 베드로가 대답하여 이르되 주는 그리스도시요 살아 계신 하나님의 아들이시니이다(마 16:16).

예수님은 하나님이시면서 동시에 사람이셨습니다. 하나님이면서 사람인 분만이 인간을 구원하실 수 있기 때문입니다. 하나님께서 사람의 몸을 입고 이 땅에 오신 분이 예수이십니다. 하나님께서 세상에 오신 해를 주후(A.D.)[78] 1년이라고 정하고, 예수님께서 세상에 오시기 전을 주전(B.C.)[79]이라고 정했습니다. 인류 역사를 예수님 오시기 전과 후로 구분한 것입니다. 물론 하나님께서 그렇게 하신 것입니다.

> 말씀이 육신이 되어 우리 가운데 거하시매 우리가 그의 영광을 보니 아버지의 독생자의 영광이요 은혜와 진리가 충만하더라(요 1:14).

---

78 A.D.는 Anno Domini라는 라틴어의 약자로 '주후'라는 뜻이며, 기원후라고도 합니다.

79 B.C.는 Before Christ라는 영어의 약자로 '주전'이라는 뜻이며, 기원전이라고도 합니다.

예수님이 하신 일

하나님이면서 사람으로 오셨던 예수님께서는 무슨 일을 하셨을까요? 예수님이 하신 가장 중요한 일은 사람들을 죄로부터 구원하는 일이었습니다. 인류의 불행은 죄 때문이었습니다. 죄 때문에 고난받고, 죄 때문에 죽고, 죄 때문에 심판 받아야 하는 것입니다. 그리고 모든 사람은 한결같이 죄인입니다. 그런데 인류의 모든 죗값을 예수님께서 대신 지신 것입니다. 인류가 죄 때문에 당하게 될 심판을 예수님께서 대신해서 당하셨습니다. 심판에는 영원한 지옥 심판까지 포함됩니다.

> 아들을 낳으리니 이름을 예수라 하라 이는 그가 자기 백성을 그들의 죄에서 구원할 자이심이라 하니라(마 1:21).
>
> 우리가 아직 연약할 때에 기약대로 그리스도께서 경건하지 않은 자를 위하여 죽으셨도다 의인을 위하여 죽는 자가 쉽지 않고 선인을 위하여 용감히 죽는 자가 혹 있거니와 우리가 아직 죄인 되었을 때에 그리스도께서 우리를 위하여 죽으심으로 하나님께서 우리에 대한 자기의 사랑을 확증하셨느니라(롬 5:6-8).

예수 다시 사셨으니

예수님의 사역이 아무리 귀중하다고 해도 죽음으로 끝나버렸다면 아무런 의미가 없습니다. 그런데 온 인류의 모든 죄를 대신하여 십자가에서 죽으신 예수님은 3일 만에 다시 사셨습니다. 다시 사신 것을 부활이라고 합니다. 예수님의 부활은 온 인류의 희망입니다. 예수님의 부활은 예수 믿는 자들의 부활을 보증하는 부활의 첫 열매이기 때문입니다.

> 만일 우리가 그의 죽으심과 같은 모양으로 연합한 자가 되었으면 또한 그의 부활과 같은 모양으로 연합한 자도 되리라(롬 6:5).

이제 우리는

이제 우리는 예수께서 우리 죄를 대신해서 고난을 당하시고, 우리 죄를 대신해서 죽으시고 3일 만에 다시 사신 것을 인정하고 믿어야 합니다. 예수님이 우리의 죽음을 대신 하심으로 우리를 죄로부터, 사망으로부터, 심판으로부터 구하신 주(主)와 그리스도(구세주)로 믿어야 합니다. 예수를 주와 그리스도로 믿는 사람과 그 집이 구원을 받습니다.

> 이르되 주 예수를 믿으라 그리하면 너와 네 집이 구원을 받으리라 하고(행 16:31).

예수 믿으세요

그러면 이처럼 우리의 죄를 대신해서 고난을 받으시고 지옥 형벌까지 받으신 예수님을 어떻게 믿을 수 있을까요? 먼저 예수님이 나의 죄를 대신해서 죽으셨음을 믿어야 합니다. 그리고 예수님께서 다시 사신 사실을 믿어야 합니다. 예수님께서 죽으심으로 내 죄가 용서를 받았으며 다시 사심으로 그 예수님이 나의 주인(主人)되셨음을 믿어야 합니다. 나아가 사람들 앞에서 그 사실을 공개적으로 고백할 수 있어야 합니다.

> 네가 만일 네 입으로 예수를 주로 시인하며 또 하나님께서 그를 죽은 자 가운데서 살리신 것을 네 마음에 믿으면 구원을 받으리라 사람이 마음으로 믿어 의에 이르고 입으로 시인하여 구원에 이르느니라(롬 10:9, 10).

예수님을 믿으면

예수님을 믿으면 어떻게 될까요? 예수님을 믿는 순간 그 사람은 죄의 값인 죽음과 지옥 심판에서 벗어나게 됩니다. 그리고 하나님의 자녀가 되어 하나님의 생명인 영생과 하나님 나라를 선물로 받게 됩니다.

> 내가 진실로 진실로 너희에게 이르노니 내 말을 듣고 또 나 보내신 이를 믿는 자는 영생을 얻었고 심판에 이르지 아니하나니 사망에서 생명으로 옮겼느니라(요 5:24).
> 영접하는 자 곧 그 이름을 믿는 자들에게는 하나님의 자녀가 되는 권세를 주셨으니(요 1:12).

언제 믿어야 할까요?

지금 하나님께서 역사하고 계실 때에 믿어야 합니다. 사람은 내일 일을 장담할 수 없습니다. 예수 믿으세요.

> 이르시되 내가 은혜 베풀 때에 너에게 듣고 구원의 날에 너를 도왔다 하셨으니 보라 지금은 은혜 받을 만한 때요 보라 지금은 구원의 날이

로다(고후 6:2).

너는 내일 일을 자랑하지 말라 하루 동안에 무슨 일이 일어날는지 네가 알 수 없음이니라(잠 27:1).

4. 몸이 다시 사는 것과

하나님이 주를 다시 살리셨고 또한 그의 권능으로 우리를 다시 살리시리라(고전 6:14).

죽음의 권세

사람들은 죽음을 피할 수 없는 인간의 운명으로, 어차피 언젠가는 맞이해야 할 고약한 벗 정도로 생각합니다. 그러나 성경은 죽음을 친구로 보지 않고 사악한 인류의 파괴자로 봅니다. 죽음은 인간의 몸과 영혼을 분리시켜 버립니다. 몸과 영혼이 분리된 사람은 아무 일도 할 수 없습니다. 죽음은 우리의 존재를 무가치하게 만드는 것이며, 우리의 존재를 파괴시키는 것입니다. 죽음에서 해방되는 길만이, 다시 사는 것만이 인류의 소망입니다.

죽음과의 대결

죽음은 인간의 근본적인 문제입니다. 왜냐하면 사망이 진정으로 우리 인생의 최종적인 것이라면 그 어디에서도 참된 가치는 찾아볼 수 없게 되며 오직 방종만이 있을 뿐이기 때문입니다. 인류는 죽음을 극복해 보려는 줄기찬 시도를 해 왔습니다. 진시황제의 불로초 사건이 그렇고 동방삭이의 교훈이 그러하며, 거의 모든 나라마다 등장하는 전설에도 예외없이 죽음을 보지 않고 살아 보려는 인류의 소망이 담겨져 있습니다. 천하장사도, 영웅호걸들도 죽음을 이기지 못했습니다. 그런데 예수 그리스도께서 당당하게 죽음에서 다시 사심으로 죽음을 정복하셨습니다.[80]

죽음을 정복하시다

죽음으로 모든 것이 끝나 버린다면 철학이나 종교는 우리들에게 있어서 아무런 소용이 없게 됩니다.[81] 오직 인간 세상에는 내일에 대

---

80 사망아 너의 승리가 어디 있느냐 사망아 네가 쏘는 것이 어디 있느냐 사망이 쏘는 것은 죄요 죄의 권능은 율법이라 우리 주 예수 그리스도로 말미암아 우리에게 승리를 주시는 하나님께 감사하노니(고전 15:55-57).

81 …죽은 자가 다시 살아나지 못한다면 내일 죽을 터이니 먹고 마시자 하리라(고전

한 소망 대신 본능을 위해 사는 짐승 같은 삶만이 존재할 것입니다. 실제로 우리가 사는 세상은 겉으로 보기에는 평화롭게 보이지만 개인은 개인대로, 국가는 국가대로 오직 이 땅에서 만수무강을 누리기 위해 전력투구합니다.

전 세계의 여러 가지 신앙이나 사상 가운데서 오직 기독교만이 사망을 정복했다고 주장합니다. 왜냐하면 기독교의 신앙에는 예수님께서 무덤을 부수고 죽음으로부터 육체적 부활을 하시고 지금은 하늘에서 영원히 살아 계신다는 사실에 근거한 희망이 있기 때문입니다. 그런데 이 희망은 역사가 멈추고 이 세계가 끝나는 그날, 예수님께서 다시 오실 때 "우리의 낮은 몸을 자기 영광의 몸의 형체와 같이 변하게 하시리라."는 것입니다.[82] 이 희망은 예수님이 다시 오실 그 당시에 살아 있는 그리스도인들은 물론이고 그리스도 안에서 죽은 모든 사람들을 다 포함하는 것입니다.

새로운 몸(육체)

신자들이 부활할 때 하나님께서는 옛 몸을 좀 고쳐 놓는 것이 아

15:32).

82 그는 만물을 자기에게 복종하게 하실 수 있는 자의 역사로 우리의 낮은 몸을 자기 영광의 몸의 형체와 같이 변하게 하시리라(빌 3:21).

니라 새 사람에게 맞는 새로운 몸을 허락해 주심으로 구속을 완성하실 것입니다.[83] 신생과 성화를 통하여 하나님께서는 이미 신자들을 내적으로 새롭게 만드셨지만 이제 신자들은 여기에 부합하는 새로운 몸을 받게 될 것입니다. 새로운 몸은 옛 몸과 연관은 있지만 옛 몸과 구별됩니다. 그것은 마치 씨에서 나와 자라는 풀이 옛 것과 관계가 있으면서도 전혀 새로운 것이 되는 것과 마찬가지입니다(고전 15:35-44). 이 새로운 몸은 예수 그리스도의 부활하신 몸을 닮아 시간과 공간의 제약을 받지 않는 신비스러운 몸이 될 것입니다.

5. 영원히 사는 것을 믿사옵나이다

> 무릇 살아서 나를 믿는 자는 영원히 죽지 아니하리니 이것을 네가 믿느냐 이르되 주여 그러하외다 주는 그리스도시요 세상에 오시는 하나님의 아들이신 줄 내가 믿나이다(요 11:26-27).

---

83 죽은 자의 부활도 그와 같으니 썩을 것으로 심고 썩지 아니할 것으로 다시 살아나며 욕된 것으로 심고 영광스러운 것으로 다시 살아나며 약한 것으로 심고 강한 것으로 다시 살아나며 육의 몸으로 심고 신령한 몸으로 다시 살아나나니 육의 몸이 있은즉 또 영의 몸도 있느니라(고전 15:42-44).

하나님과 즐거운 동행

사도신경에서 말하고 있는 '영원히 사는 것'이란 단순히 끝없이 사는 것만을 의미하는 것이 아니라 예수님과 함께 사는 영원히 즐거운 낙원의 삶을 의미합니다(히 12:2). 예수님과 함께 있는 것이 하나님 나라 삶의 본질입니다. 우리는 하나님 나라에서 무엇을 하게 될까요?

우리는 하나님 나라에서 할 일 없이 놀고먹지는 않을 것입니다. 우리는 하나님 나라에서 다른 성도와 하나님과 더불어 예배하며 일하며 생각하고 교통하며, 이 땅에서는 상상할 수 없는 아름다운 삶을 즐기게 될 것입니다. 그러나 이 가운데서도 무엇보다 먼저 우리는 세상의 구세주시요, 우리의 주인이시요, 친구이신 예수님을 만나게 되고 사랑하게 될 것입니다.

그리고 하나님 나라에 사는 사람들은 하나님의 형상을 온전한 상태로 회복할 것입니다. 지적, 정적, 도덕적 능력이 완전히 성숙해질 것입니다. 우리가 애타게 사모하는 우리 주님을 닮아 있을 것입니다. 하나님과 교통함으로 찬란한 영광에 참여할 것입니다. 하나님께 큰 기쁨과 감사를 드리면서 살 것입니다. 이 땅에서 필연적으로 겪는 고통, 질병, 불완전함, 죄로부터 완전히 해방될 것입니다. 인간 이외의 모든 피조물도 첫 창조의 아름다움을 온전히 회복하게 될 것입니다.

두 번째 에센스

주기도문

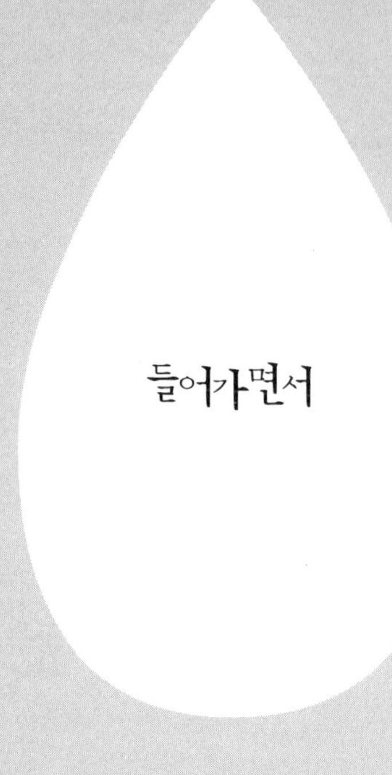

들어가면서

하늘에 계신 우리 아버지여 이름이 거룩히 여김을 받으시오며
나라가 임하시오며 뜻이 하늘에서 이루어진 것 같이
땅에서도 이루어지이다
오늘 우리에게 일용할 양식을 주시옵고
우리가 우리에게 죄 지은 자를 사하여 준 것 같이
우리 죄를 사하여 주시옵고
우리를 시험에 들게 하지 마시옵고
다만 악에서 구하시옵소서
나라와 권세와 영광이 아버지께 영원히 있사옵나이다.
아멘.

다니엘이 이 조서에 왕의 도장이 찍힌 것을 알고도 자기 집에 돌아가서는 윗방에 올라가 예루살렘으로 향한 창문을 열고 전에 하던 대로 하루 세 번씩 무릎을 꿇고 기도하며 그의 하나님께 감사하였더라(단 6:10).

크리스천 에센스

기독교를 대표하는 크리스천 에센스는 우리가 알고 있는 대로 사도신경, 주기도문, 십계명입니다. 이 크리스천 에센스는 각각 그리스도인의 믿음(사도신경)과 하나님과의 교통(주기도문), 그리스도인의 삶(십계명)을 잘 요약하고 있습니다.

기도는 성도가 하나님의 백성으로 세상을 살아가는 아름다운 삶의 모습이며 도구입니다. 이스라엘 백성들은 매일 아침, 오후, 저녁으로 하루 세 번씩 규칙적으로 기도 드리는 삶을 살았습니다(시 55:17). 사도들도 이러한 기도 습관을 유지했으며(행 3:1), 하나님을 경외하던 이방인 고넬료도 이와 같은 기도 습관을 가지고 있었습니다(행 10:3).

두 번째 에센스

특히 주님께서 우리에게 친히 선물하신 주기도문은 그 의미가 놀랍게 압축되어 있는 동시에 완전합니다. 이 주기도문은 복음의 핵심이며 하늘 문을 여는 열쇠입니다. 그리스도인이 된다는 것이 무엇을 의미하는가 하는 것을 주기도문 이상으로 분명히 가르쳐 주는 것은 아무 곳에도 없습니다.

주기도문은 두 부분으로 구분됩니다. 기도를 받으시는 분이신 하나님을 부르는 것으로 첫째 부분이 시작됩니다. 둘째 부분은 기도의 내용입니다. 기도의 내용은 하나님과 하나님 나라를 위해 구하는 부분과 우리 자신을 위해 구하는 부분으로 다시 구분이 됩니다. 이 기도의 내용은 기도하는 사람이 마땅히 해야 할 모든 기도를 포함합니다. 기도의 내용은 성격상 두 가지 대조를 이루는데 신적인 것과 인간적인 것, 하늘의 것과 땅의 것, 영적인 것과 육적인 것, 영원한 것과 일시적인 것이 그것입니다. 대조되는 이 두 가지가 기도 안에서 하나가 되는 것도 주기도문의 신비입니다.

기도 내용의 이 같은 구분은 십계명과도 일치합니다. 십계명의 앞부분은(1-4계명) 하나님을 사랑하라는 것이며, 뒷부분은(5-10계명) 이웃을 사랑하라는 것입니다. 예수님의 새로운 계명도 하나님에 대한 사랑과 이웃 사랑인데 첫 부분인 "이름이 거룩히 여김을 받으시오며, 나라이 임하옵시며, 뜻이 하늘에서 이룬 것같이, 땅에서도 이루어지이다."라는 기도가 하나님을 향한 사랑의 고백이며, 둘째 부분인 '나' 아닌 '우리에게 일용할 양식과 죄의 용서와 시험과 악에서 구해 달라는' 기도가 이웃에 대한 아름다운 사랑의 표현입니다. 성도는 기도를 통해 하나님을 뵙습니다. 기도를 통해 하나님의 창고에 예비하신 보배를 꺼내다 사용합니다. 기도를 통해 하나님의 능력이 삶의 현장에 나타나게 합니다. 기도를 통해 이웃과 교통합니다. 기도를 통해 네 이웃을 네 자신과 같이 사랑하라는 하나님의 명령에 순종합니다. 기도를 통해 하늘에서 이루어진 하나님의 나라를 이 땅 위에 이루어 갑니다.

1장

하늘에 계신 우리 아버지여

여호와여 영광을 우리에게 돌리지 마옵소서
우리에게 돌리지 마옵소서
오직 주는 인자하시고 진실하시므로
주의 이름에만 영광을 돌리소서
어찌하여 뭇 나라가 그들의 하나님이
이제 어디 있느냐 말하게 하리이까
오직 우리 하나님은 하늘에 계셔서
원하시는 모든 것을 행하셨나이다.
_시편 115편 1-3절

1. 하늘에 계신 우리 아버지여

> 이르되 우리 조상들의 하나님 여호와여 주는 하늘에서 하나님이 아니시니이까 이방 사람들의 모든 나라를 다스리지 아니하시나이까 주의 손에 권세와 능력이 있사오니 능히 주와 맞설 사람이 없나이다 (대하 20:6).

하나님께 기도한다

주님께서는 주기도문에서 가장 먼저 하나님을 부를 것을 가르치십니다. "하늘에 계신 우리의 아버지여."라고 부르는 데서 기도는 시작됩니다.[84] 이것은 우리가 누구에게 기도하는지 분명하게 알아야 할 것을 가르쳐 주는 것입니다. 우리는 하나님께 기도합니다. 기도하는 자는 처음부터 이것을 분명하게 알아야 합니다. 우리는 사람에게 보이기 위하여 기도하는 것이 아닙니다. 우리가 하늘에 계신 아버지께 기도한다면, 기도하는 그 시간만큼은 사람에 대한 일체의 관심을 끊어야 할 것입니다. 하나님께서 받으시도록 기도하는 것이지 사람에게 보이기 위하여 기도하는 것이 아니기 때문입니다. 기도는

---

84 '아버지', '하나님' 등의 호칭도 동일한 의미입니다.

하나님을 뵙는 것이지 사람을 상대로 하는 것은 아닙니다. 기도하는 자의 마음은 온통 하나님께 집중되어야 합니다.

하나님께서 지켜보신다

기도는 허공을 치는 말이 아닙니다. 기도하는 자는 하나님께서 인격적으로 우리의 기도에 참여하신다는 것을 분명하게 알아야 합니다. 하나님께서는 자신을 아버지라 부르면서 기도하는 자를 지켜보십니다.[85] 성도의 기도는 하나님이 지켜보시는 기도입니다. 우리가 기도할 때 하나님의 관심은 우리에게 임합니다. 하나님은 기도하는 자에게서 눈을 떼지도 돌리지도 않습니다.

하나님께서는 자신을 아버지라고 부르며 기도하는 자들의 형편을 그들이 기도하기 전에 이미 알고 있습니다. 그분은 우리에게 무엇이 부족한지 우리 자신보다 더 잘 아십니다.[86] 우리는 기도로써 하나님의 아심을 성취하는 것입니다. 하나님께서는 우리의 형편을 미리 알고 계시지만 우리가 기도함으로써 하나님의 베푸심을 얻기를

---

85 너는 기도할 때에 네 골방에 들어가 문을 닫고 은밀한 중에 계신 네 아버지께 기도하라 은밀한 중에 보시는 네 아버지께서 갚으시리라(마 6:6).

86 그러므로 그들을 본받지 말라 구하기 전에 너희에게 있어야 할 것을 하나님 너희 아버지께서 아시느니라(마 6:8).

원하시는 것입니다. 기도는 하나님의 미리 아심에 대한 확인입니다. 이만큼 기도는 확실합니다. 기도하는 자가, 하나님은 보시는 분이며 아시는 분임을 확신한다면, 우리의 기도에 하나님께서 확실하게 참여하실 것도 확신해야 합니다.

하늘에 계신다

하나님은 하늘에 계신 분이십니다. '하늘에 계신'이라는 하면 저 멀리 허공을 바라보면서 "하나님은 하늘 저편 어디에 계시는가 보구나." 하는 생각을 할 수가 있을 것입니다. 하나님은 영이시기 때문에 여기에서 말하는 하늘은 우리로부터 멀리 떨어진 장소, 즉 하나님이 거처하시는 먼 장소를 의미하는 것은 아닙니다. 우리가 창조주이신 하나님께서 하늘에 계신다고 말할 때는 어떤 다른 장소를 가리키는 것이 아니라 우리들과 다른 차원의 세계에 존재하신다는 것을 의미합니다.

하늘에 계신 아버지는 땅에 있는 아버지와 구별됩니다. 그래서 우리는 "땅에 있는 자를 아버지라 하지 말라 너희의 아버지는 한 분이시니 곧 하늘에 계신 이시니라(마 23:9)."는 당부를 받습니다. 하나님이 하늘에 계신다는 것은 하나님과 인간 사이에는 뛰어 넘을 수 없는 간격이 있다는 것을 나타냅니다. "이는 내 생각이 너희의 생각과 다르며 내 길은 너희의 길과 다름이니라 여호와의 말씀이니라 이는 하늘이 땅보다 높음 같이 내 길은 너희의 길보다 높으며 내 생각은 너희의 생각보다 높음이니라(사 55:8-9)."고 하십니다. 하나님을 하늘에 계신 분으로 소개함으로써 하나님의 능력이 표현됩니다. 하나님은 전능하신 분이십니다. 하늘에 계신 하나님은 하늘을 다스리며, 동시에 땅을 다스립니다. 하늘에 계신 하나님은 모든 공간을 초월하여 영광 중에 계시며, 부패하거나 변하지 않는 분이며, 위대한 힘으로 우주 전체를 포용하시며 유지하시며 지배하십니다.

아버지 하나님

하나님을 아버지라고 부르는 것은 우리 인간을 포함한 모든 피조물이 하나님에게서 나왔다는 사실에 근거합니다.[87] 하나님은 우리에게 생명을 주시는 분입니다. 하나님은 우리를 죄 가운데서 구원하여 자신의 자녀로 만드셨기에 우리의 아버지이십니다. 하나님의 무조건적인 은혜로 우리는 하나님의 자녀가 되었습니다. 하나님의 자녀된 자들은 담대하게 그분을 아버지라고 부릅니다. 왜냐하면 "너희가

---

87 그러나 우리에게는 한 하나님 곧 아버지가 계시니 만물이 그에게서 났고 우리도 그를 위하여 있고 또한 한 주 예수 그리스도께서 계시니 만물이 그로 말미암고 우리도 그로 말미암아 있느니라(고전 8:6).

아들이므로 하나님이 그 아들의 영을 우리 마음 가운데 보내사 아빠 아버지라 부르게 하셨느니라(갈 4:6; 롬 8:15 참고)" 때문입니다. '아빠'는 아이들이 아버지를 부르는 말로서 가족 언어이며 일상 언어입니다. '아버지'이신 하나님은 자녀들인 우리가 그분을 부르며 기도할 때 우리 기도에 당연히 참여하십니다.

하나님의 아들

그러나 본래 우리는 하나님의 자녀가 아니었습니다. 하나님께 순종하고 하나님을 섬기기보다는, 하나님께 철저히 반역한 무리인 공중 권세를 잡은 사탄을 따라 이 세상 풍습을 따라 살던 자들이었습니다.[88] 하나님 앞에 아주 불량하고 악하여 저주받고 진노를 받은 자들이었습니다. 성경은 하나님에게서 떠나 있는 사람들의 본래 신분이 마귀의 자녀라는 사실을 알려 주고 있습니다.[89] 이처럼 모든 사람이 본성에 의하여 하나님의 자녀가 된 것이 아니라 하나님께서 은혜

88 그때에 너희는 그 가운데서 행하여 이 세상 풍조를 따르고 공중의 권세 잡은 자를 따랐으니 곧 지금 불순종의 아들들 가운데서 역사하는 영이라(엡 2:2).

89 이러므로 하나님의 자녀들과 마귀의 자녀들이 드러나나니 무릇 의를 행하지 아니하는 자나 또는 그 형제를 사랑하지 아니하는 자는 하나님께 속하지 아니하니라(요일 3:10).

로 예수 그리스도를 믿는 믿음을 따라 자녀 삼으신 것입니다. 좀 더 자세히 말씀드리자면 하나님의 외아들 예수 그리스도를 믿는 사람들에게 하나님께서는 그의 자녀가 되는 엄청난 권세를 주신 것입니다.[90] 성도는 예수 그리스도를 믿는 믿음으로 하나님 나라에 입양되어 하나님의 자녀가 된 것입니다.[91] 하나님께 돌아오는 사람들에게 하나님께서는 은혜로 말미암아 하나님의 가족의 일원으로 환영하여 받아들이시는 것입니다.

사랑과 정의

아버지이신 하나님은 우리에게 사랑으로 나타납니다. 그분은 자녀들을 의의 길로 인도하며 필요를 따라 제공하는 분이십니다(마 5:45 이하, 6:26, 32, 7:11). 다른 한편으로 하나님은 두려우신 분으로 나타납니다. 잘못된 것에 대하여 질책하는 분이십니다(마 15:13). 하나님을 아버지로 부르는 자는 하나님을 기뻐하기도 하며 두려워하기도 해야 할 것입니다. 하나님을 가까이 하는 자에게 하나님은 가까이 하시고,

---

90 영접하는 자 곧 그 이름을 믿는 자들에게는 하나님의 자녀가 되는 권세를 주셨으니(요 1:12).

91 너희는 다시 무서워하는 종의 영을 받지 아니하고 양자의 영을 받았으므로 우리가 아빠 아버지라고 부르짖느니라(롬 8:15).

하나님을 멀리 하는 자에게 멀리 하신다는 것을 명심해야 합니다(삼상 2:20). 하나님은 사랑하는 자를 더욱 사랑하시고, 미워하는 자를 더욱 싫어하십니다(대상 28:9; 대하 15:2; 잠 8:17). 하나님을 아버지로 부르는 자는 하나님 앞에서 자신의 모습을 확인해야 합니다.

우리 아버지

하나님은 '나의' 아버지이실 뿐만 아니라 '우리의' 아버지이십니다. '우리의' 아버지라고 부르는 자들은 서로 형제가 된 것을 확인합니다. 예수님께서 가르쳐 주신 이 부름은 그리스도인들을 서로 부름으로써 하나님은 각 성도에게 관계되는 공동체의 하나님이심을 표현합니다. 하나님은 한 사람, 한 사람의 인격을 온 천하보다 귀중히 여기시며(마 18:12-14), 각 개인의 하나님으로 불림 받기를 기뻐하십니다(마 22:32). 그런데 이 하나님은 각 성도가 집합된 공동체의 하나님이시기도 합니다. 하나님은 각인을 전체처럼 귀중하게 상대하시며, 동시에 전체를 개인처럼 자상하게 상대하십니다. 그래서 각 성도는 하나님을 '나의 아버지'라고 불러도, 하나님이 '우리의 아버지' 이신 것을 아는 것입니다. 이러한 이유로 우리는 하나님께 각자 기도하며 또한 함께 기도합니다. 함께 기도할 수 없다면 각자 기도할 수도 없는 것이며 각자 기도할 수 없다면 함께 기도할 수도 없습니다. 성도는 홀로 그리고 함께 우리의 아버지 되시는 하나님 앞에 기도하러 나아갑니다.

그래서 바울 사도는 한번도 방문해 본적이 없는 멀리 떨어져 있는 로마교회의 성도들에게 사도 일행을 위한 기도를 요청할 수 있었으며(롬 15:30), 여러 교회들에 자신들의 사역을 소개하면서 기도를 당부하고 있으며(고후 1:11; 골 4:3; 살전 5:22), 바울 자신도 멀리 떨어져 있는 교회와(골 1:3; 살전 1:2), 개인을 위해 기도합니다(몬 1:4). 바울의 이같은 우리에 대한 관심은 예루살렘 교회에 기근이 있었을 때 온 이방 교회로 하여금 구제하도록 권해 이방 교회 대표들과 함께 많은 구제금을 가지고 예루살렘 교회를 도우러 간 것으로 나타나기도 합니다(행 20:4).

주기도문의 이같은 교훈은 온 지구 상에 흩어져 있는 그리스도인들은 지역과 국가, 인종과 사상, 빈부의 격차를 뛰어넘어 한 분 하나님을 아버지로 모신 한 가족임을 천명합니다. 한 가족의 특징 중 하나는 공유와 나눔일 것입니다. 한 가족은 자기 것을 자기 것으로 주장하지 않으며, 가족 중 누군가가 어려움에 처하면 함께 거기 동참합니다. 이같은 지역, 국가, 빈부, 노소를 초월한 아름다운 형제애는 이 땅에 주님의 교회가 세워지면서 시작이 되었습니다(행 4:32). 이러한 하나님의 한 가족은 '우리 아버지'를 부름으로부터 시작됩니다.

땅에서 하늘을 움직이는 사람들

우리가 하나님을 "하늘에 계신 우리의 아버지"라고 부른다면, 우리는 이 세상에서 단순히 사람들만을 상대로 하여 사는 것이 아닙니다. 비록 우리는 땅에서 사람들 가운데 살지만 하늘에 계신 하나님을 아버지라고 부르며 사는 자입니다. 땅에 살지만 하늘에 속한 자로 살며, 사람들 가운데 살지만 하나님과 교제하며 사는 자들입니다. 하나님을 아버지라고 부르는 자는 땅에서 매고 풂으로써 하늘에서도 매고 풉니다. 그리스도인은 땅에 살아도 하늘을 움직이는 자들입니다.[92] 여기에 그리스도인들의 삶의 위대한 특징이 있습니다. 세상 풍습, 즉 유행이 판을 치는 세상 문화 가운데 살면서도 이 세대의 유행을 따라 살지 않습니다.[93] 오히려 그리스도인은 세상에 심대한 영향을 주는 삶을 삽니다. 세상을 바라보기 전에 하나님을 바라보며, 세상을 상대하기 이전에 하나님을 상대하는 자이기 때문입니다. 하나님을 아버지로 모신 자라면 세상에 영향을 주며, 하늘에 속한 자로서 땅에 속한 자에게 영향을 줍니다. 이렇게 하여 하나님의 이름으로 세상에 대한 비판적인 자세를 형성해 감으로 진정한 의미

---

92 내가 천국 열쇠를 네게 주리니 네가 땅에서 무엇이든지 매면 하늘에서도 매일 것이요 네가 땅에서 무엇이든지 풀면 하늘에서도 풀리리라 하시고(마 16:19).

93 그때에 너희는 그 가운데서 행하여 이 세상 풍조를 따르고 공중의 권세 잡은 자를 따랐으니 곧 지금 불순종의 아들들 가운데서 역사하는 영이라(엡 2:2).

에서 세상에서 빛과 소금으로 사는 것입니다.

2. 이름이 거룩히 여김을 받으시오며

> 나는 너희의 하나님이 되려고 너희를 애굽 땅에서 인도하여 낸 여호와라 내가 거룩하니 너희도 거룩할지어다(레 11:45).

아버지 하나님의 이름

하나님의 피조물들은 모두가 고유한 이름을 가지고 있습니다. 이름은 피조물들의 속성을 반영합니다. 사람마다 이름이 있습니다. 각 사람의 이름은 그 사람의 인격을 반영합니다. 하나님의 이름은 하나님의 성품과 사역을 반영합니다. 사람들은 자신의 이름이 불려지면 관심을 가지고 응답합니다. 사람들은 자기 이름을 부를 때 듣지 못하고 지나치는 경우도 있으나 하나님은 다 들으십니다. 하나님께서는 하나님의 이름이 불려지면, 즉 누군가가 하나님의 이름을 부르면 들으시고 반드시 관심을 보이십니다. 누가, 왜 나를 불렀는지를 살피십니다. 그래서 하나님의 이름을 부르는 것은 대단히 조심스러워 해야 할 일입니다. 하나님의 이름을 부를 때는 하나님의 성격을 잘 인식해야 할 뿐만 아니라, 하나님이 듣고 계시다는 것을 인식해야 합니다. 하나님의 이름을 아무렇게나, 기분 내키는 대로 부르는 것은 하나님을 모독하는 죄가 됩니다. 개인이나 어떤 단체의 유익을 위해 하나님의 이름을 사용하는 행위도 조심해야 합니다. 하나님의 이름은 사람들이 함부로 사용하거나 부를 이름이 아닙니다. 이러한 의미에서 하나님은 구약 성도들에게 십계명 가운데 세 번째 계명으로 하나님의 이름을 망령되이 부르지 말도록 주의를 주셨습니다.[94]

하나님의 이름을 거룩히 여기라

하나님은 거룩하신 분이십니다. 하나님의 거룩함은 하나님의 본래적인 성품이십니다. 그래서 하나님을 찬양하는 천사들이 세 번 거룩송을 불렀습니다. “거룩하다 거룩하다 거룩하다 만군의 여호와여(사 6:3).”라고 하면서 하나님의 이름을 찬양했습니다. 하나님은 거룩하심을 나타내기 위하여 ‘높이 들린 보좌에 앉으셨습니다(사 6:1).’ 하나님께서 높이들린 보좌에 앉으셨다 함은 땅과 분리되어 있다, 모든 거룩하지 못한 것과 구별되어 있다는 것입니다. 거룩하다는 히브리

---

94 너는 네 하나님 여호와의 이름을 망령되게 부르지 말라 여호와는 그의 이름을 망령되게 부르는 자를 죄 없다 하지 아니하리라(출 20:7).

어로 '카도쉬,' 즉 구별되다, 분리되다는 뜻입니다. 하나님은 땅과 구별되어 있습니다. 하나님께서 거룩하시다 함은 하나님께서 땅의 흑암의 권세와 죄악에 의하여 영향을 받지 않는다는 것을 의미합니다. 지상에 있는 것들도 하나님과 관계가 이루어지면 거룩하게 구별됩니다. 안식일이 하나님의 날로 거룩하게 구별되었으며(창 20:8), 제사장도 하나님의 것으로 구별되었고(레 21:8), 성도들도 하나님의 것으로 구별되었습니다(고전 1:2). 하나님의 거룩함은 근본적으로 어떤 것에 의하여도 영향을 받지 않습니다.[95]

하나님의 이름과 세상

하나님은 거룩하시고, 하나님께서 하나님의 이름을 망령되게 하지 말라고 명하셨음에도 세상에는 하나님의 이름을 더럽히는 이들이 허다합니다. 하나님의 이름을 모욕하는 행위는 수많은 방법으로 나타나고 있습니다. 그 가운데 가장 주의해야 할 것은 하나님의 이름을 사용하지만 다른 의미로 사용하는 행위입니다. 이러한 현상은 이단에 의해 두드러지게 나타납니다. 또한 주의해야 할 것은 하나님

---

95 네 생물은 각각 여섯 날개를 가졌고 그 안과 주위에는 눈들이 가득하더라 그들이 밤낮 쉬지 않고 이르기를 거룩하다 거룩하다 거룩하다 주 하나님 곧 전능하신 이여 전에도 계셨고 이제도 계시고 장차 오실 이시라 하고(계 4:8).

의 이름을 사용하지만 자신의 유익을 위하여 사용하는 행위입니다. 믿는 사람들을 유인하여 사업을 하고, 재물을 모으는 일에 하나님의 이름을 사용하는 행위가 여기에 속합니다. 마지막으로 주의해야 할 것은 하나님의 이름을 사용하지만 그에 적합하게 살지 못하는 행위입니다. 하나님의 이름을 부르는 사람이 그에 합당한 삶을 살지 못하면 결국 하나님의 이름이 모욕을 당하는 것입니다.

하나님의 자녀인 우리는 어떠한가

이 땅에 사는 성도들마저도 하나님을 아버지로 공경하지 않는 일이 있습니다. 하나님을 주인으로 경외하지 않습니다. 하나님을 아버지로 주인으로 경외하십시오. 그렇지 않으면 성도들이 앞장서서 하나님의 이름을 더럽히는 것이 됩니다. 이 기도를 하는 자는 세상이 얼마나 하나님의 이름을 모욕하고 있는지 깨달아야 할 뿐 아니라, 자신으로 말미암아 하나님의 이름이 모욕당할 수 있다는 것도 깨달아야 합니다. 심지어 자신이 얼마나 하나님의 이름을 더럽히고 있는지도 깨달아야 합니다. 이 기도가 목적하는 것은 이 거룩한 이름을 더럽히는 모든 불경이 일소되며, 그 영광을 흐리게 하고 약하게 만드는 모든 비방과 조롱이 그치며, 모든 모독을 진압함으로 하나님의 존엄이 더욱 찬란하게 드러나게 하는 것입니다.

하나님의 이름과 성도의 사명

하나님의 이름의 거룩함은 근본적으로 아무것에게서도 영향을 받지 않습니다. 그러나 사탄은 하나님의 이름을 더럽히려는 시도를 계속합니다. 바로 이러한 이유 때문에 하나님께서는 하나님의 이름을 위한 계명을 주셨습니다. 하나님의 이름을 망령되이 일컫지 않도록 계명을 주셨습니다. 하나님의 세 번째 계명을 따라서 우리는 하나님의 이름을 더럽히지 않기 위해 힘을 다해야 합니다.

1) 거룩하게 기도하라

무엇보다도 우선하여 성도는 하나님의 이름이 거룩히 여김을 받으시도록 기도해야 합니다. 하나님의 이름이 거룩하여지기를 기도하는 자는 하나님의 이름이 거룩하게 되기 위하여 노력합니다. 하나님의 이름을 위한 계명에서 하나님의 이름을 위한 기도로 나아갑니다. 하나님의 이름을 더럽히지 않는 기도에서 하나님의 이름을 거룩하게 하는 노력으로 전진합니다. 하나님의 이름을 망령되이 일컫지 않도록 주의하던 이들이 하나님의 이름을 거룩하게 하도록 기도하는 이들이 되는 것입니다. 이제 하나님의 자녀들은 하나님의 이름을 더럽히지 않기 위해 발버둥치던 자리에서 일어나 하나님의 이름을 거룩하게 하는 노력과 실천으로 나아가야 합니다. 그 첫 걸음이 교회 섬김, 이웃 사랑입니다.

2) 거룩하게 살아라

여기에 하나님의 이름을 위한 성도의 사명이 있습니다. 우리는 모든 분야에서 하나님의 이름이 거룩히 여김을 받으시도록 우리의 삶을 기꺼이 투자해야 합니다. 왜냐하면 우리는 하나님의 이름으로 생명을 유지하는 자들이며, 하나님의 이름을 위해 사는 자들이며, 하나님의 이름을 온 몸에 지니고 사는 자들이기 때문입니다. 예수님께서 우리에게 "아버지의 이름을 나타내셨고(요 17:6)," "알게 하셨기(요 17:26)" 때문입니다. 그러므로 우리는 이 세상에 사는 동안 하나님의 이름을 지닌 자들로 살아야 마땅합니다. 생각하는 것, 말하는 것, 행하는 것, 모든 것을 하나님의 이름을 지닌 자답게 이루어 가야 합니다. 우리가 이 세상에서 바른 삶을 추구하는 것은 하나님의 이름을 지닌 자들이기 때문입니다.

3) 분노하라! 거룩하게

그런데 세상 사람들은 하나님을 하나님으로 인정하지도 않을 뿐만 아니라 하나님 보시기에 너무나 악하게 살아가고 있습니다. 엄연히 하나님이 살아 계심에도 하나님을 무시하고, 하나님이 가장 싫어하시는 죄를 거침없이 지으면서도 '하나님이 어디 있느냐?' 하며[96]

96 악인은 그의 교만한 얼굴로 말하기를 여호와께서 이를 감찰하지 아니하신다 하며 그의 모든 사상에 하나님이 없다 하나이다(시 10:4).

오히려 큰 소리치며 살고 있습니다.

하나님의 자녀들은 하나님을 멸시하고 모독하는 세상에 대해 의분을 느껴야 합니다.[97] 그리고 다짐해야 합니다. 하나님의 자녀인 우리들만큼은 하나님 아버지의 이름을 더럽히지 말자고 말입니다. 그래서 우리는 하나님 앞에서 거룩하게 살아 하나님의 자녀됨을 스스로 증거할 뿐만 아니라 세상 사람들이 "너는 왜 그렇게 거룩하게 살려고 하느냐?" 물을 때 "우리 아버지 하나님이 거룩하시기 때문에 우리도 거룩하게 살아야 한다.[98] 너희도 세상을 본받지 말고 우리처럼 하나님을 섬기고 살아라."라고 당당하게 주장해야 합니다.

자녀들이 하나님의 이름이 거룩히 여김을 받기를 소원하는 것처럼 아름다운 기도가 없습니다. 그러므로 "이름을 거룩히 여김을 받으시오며."라는 기도는 오직 하나님께 영광과 존귀를 돌리기를 소원하고 있는 동시에 이 기도가 모든 기도의 중심이 되어야 한다는 사

---

97 제사장 아론의 손자 엘르아살의 아들 비느하스가 보고 회중 가운데에서 일어나 손에 창을 들고 그 이스라엘 남자를 따라 그의 막사에 들어가 이스라엘 남자와 그 여인의 배를 꿰뚫어서 두 사람을 죽이니 염병이 이스라엘 자손에게서 그쳤더라 그 염병으로 죽은 자가 이만 사천 명이었더라 여호와께서 모세에게 말씀하여 이르시되제사장 아론의 손자 엘르아살의 아들 비느하스가 내 질투심으로 질투하여 이스라엘 자손 중에서 내 노를 돌이켜서 내 질투심으로 그들을 소멸하지 않게 하였도다 그러므로 말하라 내가 그에게 내 평화의 언약을 주리니 그와 그의 후손에게 영원한 제사장 직분의 언약이라 그가 그의 하나님을 위하여 질투하여 이스라엘 자손을 속죄하였음이니라(민 25:7-13).

98 나는 너희의 하나님이 되려고 너희를 애굽 땅에서 인도하여 낸 여호와라 내가 거룩하니 너희도 거룩할지어다(레 11:45).

실을 말해 주고 있습니다.

> 여호와여 영광을 우리에게 돌리지 마옵소서 우리에게 돌리지 마옵소서 오직 주는 인자하시고 진실하시므로 주의 이름에만 영광을 돌리소서(시 115:1).

행복한 사람

인간에게 있어서 가장 큰 행복이 무엇일까요? 어떻게 사는 것이 가장 행복하게 사는 것일까요? 좋은 직장과 좋은 배우자, 많은 재산, 많은 사람들로부터 존경받는 명예, 사람들이 부러워하는 부귀영화 등 이런 것들이 사람을 진정으로 행복하게 할까요? 과연 그럴까요? 그 모든 것은 아침 안개 같아서 한 순간에 지나가고 맙니다.[99] 그리고 우리에게 남은 것은 하나님 앞에 빈손 들고 나아가서 선과 악을 행한대로 심판 받는 것 뿐입니다.

하나님을 알고 하나님을 위해 살 때 사람은 참으로 행복할 수 있습니다. 본래 사람은 무엇인가를 위해, 누군가를 위해 살도록 되어

---

99 내일 일을 너희가 알지 못하는도다 너희 생명이 무엇이냐 너희는 잠깐 보이다가 없어지는 안개니라(약 4:14).

있습니다. 그래서 남을 위해 사는 사람이 자기 자신을 위해 사는 사람보다는 행복합니다. 그러나 사람이 하나님을 위해 살 때 가장 행복합니다. 그런데 대부분의 사람들은, 심지어 그리스도인들마저도 하나님만 위해 살면 손해 볼 것 같은 생각이 들어서 전적으로 하나님만 위해 살지를 못합니다.

사람이 사는 으뜸 되는 목적은 영원토록 하나님께 영광을 돌리며 하나님을 기쁘시게 하며 하나님과 더불어 기쁨을 누리는 데 있습니다.[100] 그리고 하나님께서는 우리 인간을 창조하실 때에도 그와 같은 목적으로 창조하셨기 때문에 우리가 찬양과 순종과 봉사로 하나님의 이름을 거룩하게 할 때 우리 자신에게는 가장 큰 성취와 희락을 발견하게 됩니다. 그리스도 예수 우리 주 안에 우리 인생이 누릴 수 있는 가장 값진 보화와 행복이 가득 들어 있습니다.[101] 하나님을 위해, 하나님의 이름을 위해 사는 사람은 가장 행복하고 가치 있으며 아름답습니다.

---

100 그런즉 너희가 먹든지 마시든지 무엇을 하든지 다 하나님의 영광을 위하여 하라(고전 10:31).

101 이는 그들로 마음에 위안을 받고 사랑 안에서 연합하여 확실한 이해의 모든 풍성함과 하나님의 비밀인 그리스도를 깨닫게 하려 함이니 그 안에는 지혜와 지식의 모든 보화가 감추어져 있느니라(골 2:2-3).

3. 나라가 임하시오며

> 바리새인들이 하나님의 나라가 어느 때에 임하나이까 묻거늘 예수께서 대답하여 이르시되 하나님의 나라는 볼 수 있게 임하는 것이 아니요 또 여기 있다 저기 있다고도 못하리니 하나님의 나라는 너희 안에 있느니라(눅 17:20-21).

하나님 나라

구약성경에 '하나님의 나라'는 '여호와의 나라(대상 28:5),' '그의 나라(시 103:19, 145:12),' '주의 나라(시 145:12)' 등으로 나타납니다. 여호와께서 이 나라의 왕 되심의 표현은 45회 이상이나 나타나며, 이스라엘의 왕도 하나님의 대리자였고 실재적인 왕은 하나님이셨습니다. 하나님의 나라는 그 나라와 함께 하나님을 대신해서 다스리실 자 곧 메시아를 보내심으로 성취될 것입니다(사 9장; 렘 23:5-6; 겔 34장; 미 5:1-4 등).

구약의 마지막 선지자로 메시아의 출현을 예언하고 기다렸으며 소개했던 세례 요한의 핵심적인 메시지가 "회개하라 천국이 가까왔느니라(마 3:1-12, 4:12-17; 막 1:14-15)"입니다. 하나님께서 율법과 선지자들과 성전 제도를 통해 계속 계시해 오셨고, 이스라엘이 오매불망(寤寐不忘) 기대하던 하나님의 나라가 왔다는 것입니다. 공관복음의 공통적인 증거에 의하면 예수님은 '그 나라'가 가까이 왔다고 선언하심으로 공생애를 시작하셨습니다(마 4:17; 막 1:15; 눅 4:43). '가까이 왔다'라는 단어는 도달했다, 도래했다, 성취되었다, 다달았다는 의미입니다. 하나님의 나라는 예수 그리스도의 인격과 사역 안에서 비로소 그리고 드디어 도래했기 때문입니다.

하나님의 나라는 여기 있다, 저기 있다 혹은 미래의 어느날엔가 임하게 되는 것이 아니라, 이미 현재에 지금의 역사 속으로 침노해 들어왔습니다(마 11:12; 눅 17:21). 예수님께서 오심으로 하나님 나라가 임한 증거로는 사탄의 나라가 망해가며(눅 10:18), 사탄이 통치하는 증거들인 귀신이 쫓겨나고 병자들이 회복되며(마 4:24, 8:16, 9:33 등), 죄 사함의 은혜가 이루어지는 일들입니다(마 9:2; 눅 7:47 등). 예수님이 오심으로 시작된 하나님 나라는 씨앗이 자람처럼 자라나 마침내 온 땅에 충만하게 될 것입니다(마 13:3). 그러나 이 나라는 아직 완성된 것은 아닙니다. 이 나라는 예수 그리스도의 재림으로 완성될 것입니다(마 25:1-46; 눅 23:42-43 등). 그렇기에 그리스도인들은 예수 그리스도와 함께 이미 왔으나(already) 아직 이르지 아니한(net yet) 하나님 때를 살고 있습니다.

교회는 하나님 나라

예수 그리스도의 부활과 함께 하나님 나라라는 용어 대신 '교회'라는 용어를 주로 사용하며 교회에 하나님 나라의 열쇠를 위탁합니다(마 16:19). 따라서 교회는 이 땅에 있는 하나님 나라의 전령이며, 하나님 나라입니다. 하나님께서 다스리시고 하나님의 다스리심에 복종하는 곳이 하나님 나라라면, 교회는 이 땅에 세워진 하나님 나라입니다. 물론 교회는 완전한 의미의 하나님 나라, 주님께서 오심으로 완성될 하나님 나라라고 할 수는 없습니다. 왜냐하면 완전한 하나님 나라에는 의인들만 들어가지만 이 땅의 교회에는 의인이 아닌 자들도 있기 때문입니다.[102] 그럼에도 지상의 수많은 기관 중 오직 교회만이 하나님의 다스리심에 순종합니다. 그렇기 때문에 교회는 하나님 나라 혹은 하나님 나라의 전령 등으로 말할 수 있습니다. 따라서 성도들은 하나님의 다스리심에 철저한 순종을 통해 이 땅의 교회가 하나님 나라가 되도록 해야 합니다.

하나님의 소원은 온 땅위의 모든 사람들이 하나님이 하시는 사랑의 통치를 기꺼이 받아들이는 것입니다. 하나님께서는 그 소원을 이루어 하나님이 다스리시는 나라를 만들기 위하여 예수 그리스도의

---

102 밭은 세상이요 좋은 씨는 천국의 아들들이요 가라지는 악한 자의 아들들이요(마 13:38). 교회 안의 불신자는 염소, 가라지, 쭉정이 등으로 묘사됩니다.

구원 사역을 통해 하나님께 복종하는 백성들을 부르고 계십니다. 우리도 하나님 나라의 백성으로 부름 받은 것입니다. 부름 받아 하나님 나라 백성이 된 성도들은 하나님의 다스림을 받아야 함과 동시에 온 세상 모든 사람들이 하나님의 다스림을 받는 진정한 하나님 나라가 속히 임하기를 기도해야 마땅합니다.

확장되어 가는 하나님 나라

지금 이 순간에도 하나님 나라는 점점 확장되어 가고 있습니다(마 13:24, 31, 33). 하나님의 은혜의 지배는 하나님의 권세 앞에 통회하는 자세로 머리를 숙임으로 악에서 구원을 받고 의의 길로 나아가게 되기를 소원하는 사람들의 심령과 생활 속에서 나타나고 있습니다. 그리고 이와 같은 은혜의 지배가 이루어졌다는 사실은 곧 우리들이 예수님을 왕으로 삼았다는 말이 되는 것입니다. 그리고 하나님께서는 지금 이 시간에도 그의 종들을 세상 끝까지 보내서 하나님의 백성들을 부르시고 계십니다.

하나님 나라는 하나님께 충성하는 하나님의 백성들을 통해 사탄의 세력을 무찌르면서 점점 확장되어 가고 있습니다. 지금은 세상이 부분적으로 예수 그리스도의 지배를 받고 있지만 예수 그리스도의 재림 때까지는 완전한 하나님의 지배를 받는 나라가 임하게 될 것입니다.

하나님 나라의 완성을 기다리며

하나님의 나라가 오기를 기도하는 자는 하늘에 계신 아버지의 인정을 받기를 사모하기에 믿음을 따라 살며(마 10:32–33), 하늘에 계신 아버지의 얼굴을 항상 뵈옵기를 소원하기에 사람들에게서 업신여김 받는 것을 두려워하지 않습니다(마 18:10). 그리고 하나님 나라가 오기를 기도하는 사람들은 이 세상 나라에서 쉽게 동화되고, 종종 세상적인 즐거움에 빠지고, 자주 신앙에 흔들림을 당하고, 때때로 무너지는 자신을 발견하고는 근심하며 회개하여 다시금 하나님 나라를 향해 전진하는 자가 됩니다(고후 7:10).

하나님 나라가 임하기를 기도하는 사람들은 이 세상 나라에 속하지 않되 이 세상 나라에 영향을 줍니다. 하나님 나라가 오기를 기도하는 자는 이 세상 나라에 도전합니다. 이 세상 나라를 변화시킬 것을 시도합니다. 의로 불의를 정복하고(롬 6:13), 선으로 악을 이기며(롬 12:21), 거룩함으로 더러움을 제거할 것(벧전 1:14–15)을 도모합니다. 하나님의 나라가 오기를 기도하는 자는 이 세상을 하나님 나라가 임할 만한 곳으로 변화시키기 위하여 노력합니다.

그래서 하나님의 나라가 오기를 기도하는 자는 이 세상 나라에서 하나님의 나라가 이루어지기를 열심히 움직이며 쉬지 않고 활동하는 자들이 됩니다. 하나님께서 성령을 통하여 주시는 모든 방면의 은사를 최대한으로 사용합니다. 그리고 이것이 연약한 자신만으로는 불가능하기에 성령의 도움이 있기를 부단히 간구합니다. 하나님의 나라가 오기를 기도하는 자는 이 세상 나라의 악함을 두고 근심하는 자이며, 이 세상 나라의 불의를 두고 애통하는 자이며, 이 세상 나라의 더러움을 두고 눈물을 흘리는 자입니다(벧후 2:8). 이 근심과 애통과 눈물 때문에 세상 나라를 하나님 나라로 돌이키기 위하여 평생토록 교회를 섬기며, 복음을 전하며 수고합니다.

4. 뜻이 하늘에서 이루어진 것같이 땅에서도 이루어지이다

> 또 내게 말씀하시되 이루었도다 나는 알파와 오메가요 처음과 나중이라 내가 생명수 샘물로 목마른 자에게 값없이 주리니(계 21:6).

내 뜻대로, 하나님 뜻대로

사람들은 모두 자기 뜻대로 살고 싶어 하는 죄인으로서의 본능이 있습니다. 요즘 세대는 사람들에게 누구의 통제도 받지 말고 자기 맘대로 살라고 사람들을 부추깁니다. 내 인생은 내 것이니 간섭하지 마라, 내 멋대로 살겠다고 합니다. 그런데 내 뜻대로 살고 싶어 하는 본능은 흔히 사람을 망하는 길로 끌고 갑니다. 사람은 어려서는 부모님, 자라면서 선생님의 통제를 받아야 합니다. 그중에서도 우리가 참으로 통제를 받아야 할 분은 하나님입니다. 사람은 하나님 뜻대로 살 때 바로 살 수 있으며 행복해질 수 있습니다.

하나님의 뜻을 알아야

하늘에 계신 하나님의 뜻을 행하는 것이 하나님 나라에 들어가는 데 결정적인 역할을 합니다(마 7:21). 예수님은 마지막까지 하나님의 뜻이 이루어지기를 간구하셨습니다(마 26:42). 하나님께서는 많은 뜻을 가지고 계시는데 성도들은 항상 "하나님의 선하시고 기뻐하시고 온전하신 뜻이 무엇인지 분별"해야 합니다(롬 12:2). 하나님의 뜻을 모르면서 행하는 일들은 자칫 하나님을 대적하는 일이 될 뿐만 아니라 심판을 자초하기까지 합니다. 하나님의 뜻을 거스르며 살면서도 자기는 하나님을 위해 산다는 사람들이 적지 않다는데 문제의 심각

성이 있습니다.[103]

하늘에서 이룬 뜻과 땅에서 이룰 뜻

하나님께서 하늘에서 이룬 뜻은 에베소서 1장 3-6절에 잘 진술되어 있습니다. 하나님은 기뻐하시는 뜻을 가지셨습니다. 하나님의 기뻐하시는 뜻은 하나님의 소원과 관련됩니다. 하나님의 소원은 하나님의 "기쁘신 뜻대로(엡 1:5)" 된 것입니다. 하나님은 소원을 위하여 뜻을 세우시고 그 뜻을 기뻐하시기에 소원을 반드시 이루십니다. 일반적으로 말할 수 있는 하나님의 뜻은 하나님께서 그의 친 백성을 창조하시고 그 백성을 은혜로 다스리시며 그 백성들은 하나님께 즐겨 순종하며 영광을 드리는 영광스럽고 찬란한 하나님 나라의 건설입니다. 하나님 나라의 건설은 이미 하늘에서 이루어졌습니다. 이제 땅의 백성들을 불러 구원하사 하나님 나라로 들어가게 하십니다.

하나님께서 땅에서 이룰 뜻은 디모데전서 2장 4절에 잘 설명되어 있습니다. 하나님은 모든 사람이 구원을 받으며 진리를 아는 데 이

---

103 그날에 많은 사람이 나더러 이르되 주여 주여 우리가 주의 이름으로 선지자 노릇 하며 주의 이름으로 귀신을 쫓아 내며 주의 이름으로 많은 권능을 행하지 아니하였나이까 하리니 그때에 내가 그들에게 밝히 말하되 내가 너희를 도무지 알지 못하니 불법을 행하는 자들아 내게서 떠나가라 하리라(마 7:22-23).

르기를 원하십니다. 이 말씀에서 우리는 하나님의 뜻의 포괄성을 발견합니다. 하나님의 뜻의 포괄성은 우선 하나님이 땅에서 이루실 뜻은 사람의 구원 획득과 진리 획득[104]이라는 두 가지 형태로 나타납니다. 하나님의 뜻은 사람이 죄악에서 구원을 받는 것과 진리에 도달하는 것입니다. 사람이 죄악에서 구원받는 것으로는 하나님의 뜻이 완전하게 이루어진 것으로 생각할 수 없습니다. 사람이 진리에 도달하는 것에서 하나님의 뜻은 완전하게 이루어집니다. 구원과 성장을 위한 하나님의 뜻에서 제외될 사람은 아무도 없습니다. 하나님은 인간을 구원하시기에 넉넉하신 분이십니다. 그렇기 때문에 하나님은 땅끝까지 복음을 전하기를 원하시며, 때를 얻든지 못 얻든지 복음을 전하기를 원하시며, 누구에게나 복음을 전하기를 원하시는 것입니다.

하늘에서 뜻을 이루심과 땅에서 뜻을 이루심

하늘에 계신 하나님은 뜻을 세우시면 반드시 이루시는 분이십니다. "오직 우리 하나님은 하늘에 계셔서 원하시는 모든 것을 행하셨나이다(시 115:3)."라고 합니다. 하나님은 이루시지 않을 뜻은 세우

---

104 진리 획득이란 구원받은 신자가 하나님의 형상에 이르기까지 예수 그리스도를 닮아 가는 것을 말합니다. 성화(聖化), 성숙(成熟)이라고 표현하기도 합니다.

지도 않으십니다. 하나님은 세우신 뜻을 성실함과 진실함으로 이루십니다. 그 가운데 대표적인 것이 천지창조입니다. 하나님은 창조의 뜻을 정하시고 창조를 실행하였습니다. "주께서 만물을 지으신지라 만물이 주의 뜻대로 있었고 또 지으심을 받았나이다(계 4:11)."라고 하나님의 뜻을 선포하십니다. 하나님은 뜻을 세우고 이루시는 데에 누구의 간섭도 받지 않고 홀로 행하십니다. 아브라함을 그의 뜻대로 부르셨습니다. 이스라엘을 애굽에서 구원하심도 하나님의 뜻입니다. 이처럼 하나님께서 하늘에서 뜻을 이루셨다면 땅에서도 뜻을 이루시는 것은 당연합니다. 하나님은 "천지의 주재이신 아버지(마 11:25)"이기 때문입니다. 그러나 하나님은 땅에서는 뜻을 홀로 이루시지 않고, 성도들에게 '당신의 뜻이 하늘에서처럼 땅에서도 이루어지소서.'라고 기도하기를 요구하십니다. 기도하는 자에게는 하나님의 뜻인 구원 역사에 동참하는 은혜를 베푸십니다. 리브가가 야곱을 편애한 것은 하나님께서 야곱을 통해 아브라함에게 하신 약속을 이루어 가실 것을 알았기 때문입니다(창 25:21–23). 바울은 하나님의 뜻을 따라 아시아가 아닌 유럽으로 갔습니다(행 16:6–10). 결국 하나님의 뜻이 이루어지기를 구하는 성도는 자기 뜻을 포기하고 하나님의 뜻을 이룹니다. 그러므로 하나님의 뜻이 이루어지도록 기도하라는 주님의 가르침은 성도들을 하나님의 뜻에 참여시키는 하나님의 위대한 은혜인 것입니다.

하늘과 땅을 연결시키는 자들

하늘에서 홀로 뜻을 이루신 하나님께서 땅에서는 성도들과 함께 뜻을 이루십니다. 하나님은 땅에서 뜻을 이루기 위하여 즐거이 성도들을 참여 시키십니다. 성도들에게 하나님의 뜻을 이루는 위대한 영광이 주어집니다. 그러므로 땅에서 하나님의 뜻이 이루어지기를 기도하는 자는 하나님의 뜻을 이루는 일에 협력하는 영광을 얻습니다. 하늘에서 이룬 뜻이 땅에서도 이루어지는 것은 성도들의 기도를 통하여 완성됩니다. 성도들의 기도를 통하여 하늘에서 뜻을 이루심이 땅에서 뜻을 이루심으로 내려옵니다. 그러므로 성도들은 하늘과 땅을 연결시키는 자들입니다. 이 기도를 드리는 성도들에게는 하늘과 땅 사이에 더 이상 구별이 없습니다. 하늘의 일이 땅의 일이 되고, 땅의 일이 하늘의 일이 되는 것입니다. 이러한 일이 일어난다면, 하나님 안에서, 성도들의 기도 안에서 지상적인 것과 천상적인 것은 동일하게 됩니다.

그리스도인들은 주님의 기도를 하기 때문에 하늘과 땅을 연결시키는 자들입니다. 그리스도인들은 신앙을 고백함으로써 땅에 살아도 하늘을 움직이는 자들입니다. 그리스도인들이 하늘과 땅의 권세를 가진 예수님에 의하여 보냄을 받는다면 예수님과 마찬가지로 하늘과 땅의 권세를 가진 자들입니다. 그리스도인들은 이 세상에 살아도 이미 하늘에 있는 것처럼 살 수 있습니다. 그리스도인들은 땅도 흔들며, 하늘도 흔드는 자들입니다.

하나님의 뜻이 땅에서 이루어지기를 기도하는 자들은 하나님의 뜻을 이루기 위하여 실천하는 자들이 됩니다. 뜻을 세우신 하나님 앞에서 성도들은 뜻이 이루어지기를 기도하며, 뜻을 이루신 하나님 앞에서 성도들은 뜻을 이루기 위하여 실천합니다. 하나님은 뜻을 세우시면 반드시 이루시며, 하나님의 성도들은 뜻이 이루어지기를 기도하면 반드시 이루기 위해 실천합니다. 기도하는 자들은 실천하는 자들입니다. 기도합시다. 쉬지 말고 실천합시다. 하늘의 뜻이 땅에서 이루어질 때까지….

하나님의 뜻 발견하기

하나님께서 우리들에게 원하시는 것이 무엇인지 어떻게 알 수 있을까요? 먼저 하나님의 뜻의 기준은 영혼을 구원하는 일과 예수 그리스도를 닮아가는 일에 있음을 상기해야 할 것입니다. 그러면서 우리는 하나님의 말씀과 우리 자신들의 양심에 주의를 기울임으로 하나님의 뜻을 알 수 있습니다. 그리고 환경을 주시한다든지 또는 우리 자신의 영적 감각을 통해서, 통찰력의 옳고 그릇됨을 확인하기 위하여 믿음의 동료들의 충고를 통해서 하나님의 뜻을 알 수 있는 것입니다.

당신이 하나님 앞에 마음의 문을 열고 있다면 하나님께서 당신 안에 들어오셔서 당신이 나아가야 할 길을 안내하여 주실 것입니다. 만약 당신이 하나님의 뜻을 잘 모를 때에는 될 수 있으면 기도하면서 기다리기 바랍니다. 즉시 행동에 옮기지 않으면 안 될 때에는 당신이 생각할 수 있는 최선의 결정을 하기 바랍니다. 만약 당신이 잘못된 길로 들어가게 되었다면 하나님께서 곧 바른 길을 당신에게 가르쳐 주실 것입니다.

2장

오늘 우리에게 일용할 양식을 주시옵고

그때에 여호와께서 모세에게 이르시되
보라 내가 너희를 위하여 하늘에서 양식을 비 같이 내리리니
백성이 나가서 일용할 것을 날마다 거둘 것이라
이같이 하여 그들이 내 율법을 준행하나 아니하나
내가 시험하리라.
_출애굽기 16장 4절

1. 오늘날 우리에게 일용할 양식을 주시옵고

여호와께서 자기를 경외하는 자들에게 양식을 주시며 그의 언약을 영원히 기억하시리로다(시 111:5).

양식

주님께서는 우리를 위하여 가장 먼저 양식을 위하여 기도할 것을 말씀하십니다. 주님께서는 양식을 구하라고 하심으로써 우리에 관한 기도에서 영적인 문제보다 물질적인 문제를 앞세우고 있는 것일까요? 양식을 문제 삼는다는 점에서는 물질적이나 이것을 위하여 기도한다는 점에서는 영적이라는 것입니다. 이 기도는 사치나 호화스러움을 구하지 않고서 물질적인 것을 다루는 가운데 영적인 내용이 들어 있다는 것입니다. 양식을 구하는 기도에서는 물질적인 것과 영적인 것이 분리되지 않습니다. 물질의 문제는 영혼의 문제입니다. 이러한 의미에서 물질적인 문제를 하나님께 맡기지 못하는 사람은 영적인 문제도 하나님께 맡기지 못하며, 영적인 것을 위하여 기도하는 사람은 물질적인 것을 위하여도 기도합니다. 삶의 존재에 있어서 가장 기본적인 양식을 위하여 하나님께 기도하는 사람은 그 외의 모든 것을 위하여 하나님께 기도합니다.

양식은 삶의 존재를 위한 가장 기본적인 것입니다. 양식은 모든 사람에게 동일하게 중요한 문제로 다가옵니다. 사람들은 양식을 두고 염려합니다. 그런데 주님께서는 양식에 관하여 염려할 것이 아니라(마 6:25, 31) 기도할 것을 가르칩니다. 세상 사람들은 양식 없이 하루도 살 수 없지만 그리스도인들은 양식을 위한 기도 없이 하루도 살 수 없습니다. 이와 관련하여 "…무엇을 먹을까 무엇을 마실까 몸을 위하여 무엇을 입을까 염려하지 말라…(마 6:25, 31)."는 주님의 말씀을 생각해 볼 필요가 있습니다. 이 말씀은 양식과 의복의 결핍 자체에 대하여 염려하는 것을 경고하고 있을 뿐만 아니라 양식과 의복의 종류의 선택에 대하여 염려하는 것을 경고하기도 합니다.

양식을 넘어서

그리스도인들에게는 먹는 것과 입는 것보다 앞선 자리에 하나님이 있습니다. "하나님의 나라는 먹는 것과 마시는 것이 아니요 오직 성령 안에 있는 의와 평강과 희락이라(롬 14:17)."는 말씀은 그리스도인들이 물질적인 것을 넘어 영적인 것에 더욱 관심을 가져야 할 것을 가르치고 있습니다. 그리스도인이 하나님을 배제시킨 채 먹는 것과 입는 것에만 관심을 가진다면 비그리스도인과 차이점이 없습니다. 그러므로 그리스도인은 먹는 것과 입는 것에 관심을 갖게 하는 많은 자극에 주의하면서 하나님 나라와 의에 관심을 가져야 합니다.

그리스도인들이 양식을 위하여 기도하는 자들이라면, 먹는 일과 입는 일에 있어서 비그리스도인들에게 어떤 새로운 모습을 보여 주어야 합니다. 먹는 것과 입는 것보다 먼저 그의 나라와 의를 구함으로써 하나님 나라 백성이 된 증거를 보여 주는 것입니다. 주기도문을 말하는 자들은 하나님의 나라를 양식으로 삼고, 하나님의 의를 의복으로 삼아야 합니다.

우리의 양식

양식을 구하는 것은 개인적인 삶의 존재와 관련된 문제이자 동시에 공동체적인 삶의 존재와 관련된 문제입니다. 여기에 언급된 '우리'는 이미 하나님을 부를 때 사용된 '우리'나 후에 사용될 '우리'와 동일하게 그리스도인들을 가리키는 말입니다. 그럼에도 이 말은 그리스도인들을 포함하여 인간 모두를 위하여 기도할 문을 폭넓게 열어 줍니다.

그리스도인은 자신의 양식을 간구하는 것으로는 부족합니다. 자신에게 양식이 주어지기를 기도하는 그리스도인은 당연히 모든 사람에게 양식이 주어지기를 기도합니다. 우리는 하나님께 '나의 양식'을 구하는 것이 아니라, '우리의 양식'을 구하는 것입니다. 그러므로 하나님으로부터 주어지는 모든 양식마저도 '나의 양식'이 아니라 '우리의 양식'이라고 여기는 것이 마땅합니다.

우리가 문제시 삼아야 할 것은 얼마나 많이 모으는가가 아니라 어떻게 나누는가입니다. 그리스도인은 나누어 주기 위하여 모아야 합니다.[105] '우리에게 일용할 양식을 주소서'라고 기도하는 자는 양식이 부족한 자를 향해 불쌍히 여기는 마음을 가집니다. 그리스도인들은 하나님께서 구약 성도들에게 가르쳐 주신 대로 포도를 다 따지 않는 긍휼을, 이삭을 흘리는 은혜를 베풀어야 합니다(레 19:9-10; 신 24:19-22). 심는 데로 거두게 하시는 법칙을 세우신 하나님께서는(갈 6:7) 성도들이 부지런히, 넉넉히 심기를 원하십니다. 심은 것이 없는 사람은 거둘 것이 없을 것이요, 적게 심은 자는 적게 거두고 많이 심은 자는 넉넉히 추수할 것입니다(고후 9:6). 이 기도를 드리는 자는 결코 남의 양식(재산, 임금 등)을 빼앗기 위하여 힘(폭행, 사악한 술수)을 사용해서는 안 됩니다. 일용할 양식을 위해 하나님을 의뢰해야 합니다.

---

105 흩어 구제하여도 더욱 부하게 되는 일이 있나니 과도히 아껴도 가난하게 될 뿐이니라(잠 11:24).

일용할 양식

여기에 '일용할'이라는 말은 많은 양의 양식이 아니라 적은 양의 양식을 말하고 있다는 점입니다. 이것은 일 년치, 십 년치의 양식이 아니라 하루 이틀의 양식입니다. 주님께서는 작고 적은 것을 위하여 기도할 것을 가르치시는 것입니다. 크고 많은 것을 위하여 기도하기 좋아하는 인간들에게 작고 적은 것을 위하여 기도하는 자세를 세워주고 있습니다. 이미 잠언에서 아굴은 이와 비슷한 기도를 하였습니다. "…나를 가난하게도 마옵시고 부하게도 마옵시고 오직 필요한 양식으로 내게 먹이시옵소서 혹 내가 배불러서 하나님을 모른다, 여호와가 누구냐 할까 하오며 혹 내가 가난하여 도둑질하고 내 하나님의 이름을 욕되게 할까 두려워함이니이다(잠 30:8)."

예수님께서는 우리에게 하루 이틀의 적은 양의 양식을 구하는 기도를 가르치십니다. 예수님은 금욕을 가르치는 것이 아니라 절제를 가르치는 것입니다. 그리스도인들은 아마도 이 기도를 하면서 적게 먹는 법을 배워야 할 것입니다. 특히 많이 소유하고 많이 먹는 것이 문제가 되어 버린 우리 시대에서는 더욱 그러합니다.

오늘 우리에게 주소서

예수님께서는 이렇게 기도하도록 가르침으로써 우리의 하늘 아버지께서 오늘 우리를 먹여 주시니, 내일도 틀림없이 먹여 주실 것이라고 확신하라고 하십니다. 이 기도를 드리는 자는 인간의 생존이 하나님에게 달려 있다는 것을, 땅의 생존이 하늘에 걸려 있다는 것을 인식하는 자입니다. 이 기도를 드리는 자는 양식의 문제를 하나님께 의탁하여 하나님께서 양식을 책임지도록 합니다. 우리는 마지막 한 끼니의 양식까지도 하나님의 손에 맡깁니다. 그래서 이 기도는 우리의 삶을 하나님께 절대적으로 의탁하는 것을 의미합니다. 떡 하나까지도 주님께 맡기는 것이며 하루까지도 주님께 맡기는 것입니다. 이 기도는 인간의 생존을 하나님께 거는 것이며, 땅의 생존을 하늘에 거는 것입니다. 풍요한 사회에서는 양식의 풍부에서 기인하는 쾌락으로 인하여 인간성이 타락하고, 가난한 사회에서는 양식의 빈곤이 초래하는 강탈로 말미암아 인간성이 타락합니다. 양식의 풍부에서 오는 쾌락의 타락이나 양식의 빈곤에서 오는 강탈의 타락이나 다 같이 문제가 되는 것은 사람의 힘을 의존하고 하나님을 의존하지 않는다는 점입니다.

예수님께서 노아의 시대 사람들을 어리석다고 평가하는 것은 그들에게 하나님과 동행하는 것이 없었기 때문입니다(마 24:38-39). 그들은 떡과 쾌락을 택하는 대신 하나님을 버렸습니다. 이 기도를 하는 자는 하나님 없는 음식에 조심해야 합니다. 이 기도를 드리는 자는 하나님을 의탁하지 않는 삶을 멀리해야 합니다. 이 기도를 하는 자는 삶의 가장 작은 부분까지도 하나님께 의탁해야 합니다.

이에 더하여 우리는 양식을 위한 기도와 일의 관계를 생각해 볼 필요가 있습니다. 예수님께서는 우리가 양식이 필요할 때 일하지 않아도 기적을 통해 갑자기 얻을 수 있듯이 구할 것을 가르치고 있는 것이 아닙니다. 오히려 성경은 "도둑질하는 자는 다시 도둑질하지 말고 돌이켜 가난한 자에게 구제할 수 있도록 자기 손으로 수고하여 선한 일을 하라(엡 4:28)."고 명하십니다. 주님께서는 일을 통하여 양식을 얻는 것을 의도하시되, 일하는 중에 양식에 대하여 생각만 하는 것이 아니라 하나님께 구해야 한다는 것을 말씀하시고자 하셨습니다. 이것은 비축된 양식이 있는 사람에게도 중요한 기도입니다. 왜냐하면 하나님의 뜻이 아니고는 비축된 양식이 자신의 소유로 머물러 있을 수 없기 때문입니다.

2. 우리가 우리에게 죄 지은 자를 사하여 준 것같이

> 비판하지 말라 그리하면 너희가 비판을 받지 않을 것이요 정죄하지 말라 그리하면 너희가 정죄를 받지 않을 것이요 용서하라 그리하면 너희가 용서를 받을 것이요(눅 6:37).

죄 사함은 속죄를 근거로 한다

죄를 사한다는 용어의 사용을 보면 주께서 주의 은혜의 해(희년)에 포로되고 눌린 자를 '해방'한다(눅 4:18)의미로, 갚을 수 없는 엄청난 빚을 탕감(마 18:27, 32)한다는 의미로 쓰이고 있습니다(마 26:28; 막 1:4, 3:29 등). 그런데 죄인이 죄 사함을 받는다고 할 때 대부분 속죄(贖罪)의 의미로 쓰여집니다. 하나님께서 이스라엘 민족을 애굽에서 구해 내시면서 애굽의 모든 장자(짐승을 포함해서)를 멸하시고 이스라엘의 장자는 살리셨는데, 장자는 사람이건 가축이건 모두 하나님의 것으로 생각되어 있고, 따라서 희생(제사)으로서 하나님께 바쳐야 할 것인데, 만약 그것을 자기가 가지고 있기를 원하는 사람은 대속(속량)해야 했습니다(출 13:12-13, 34:20). 속죄금을 생명 대신 주어 죽음을 면하거나(출 21:30), 돈 때문에 노예로 몸이 팔린 사람을 그의 형제가 속량할 수도 있었고(레 25:48), 남에게 넘어간 토지를 무를 수(속량한다) 있었습니다(룻 4:1-11). 이러한 개념은 성전 제사를 통한 죄로부터의 속죄 개념으로 발전합니다. 포로 시대의 선지자는 바벨론 포로 생활에서 귀국하게 하는 것을 하나님의 구속(속량)으로 말하고 있습니다(사 41:14, 43:14).

이처럼 하나님은 이스라엘 백성을 온갖 고난이나 괴로움에서 구해 내신 분이시며(시 25:22; 호 13:14), 특히 죄에서 구속해 내시는 분이십니다(시 130:8). 이와 같은 죄를 사하는 속죄 개념이 예수 그리스도 안에서 완성됩니다. 그리스도의 죽으심은 하나님께서 세상 죄를 속량하시기 위해 바쳐진, 희생 제물입니다. 죄와 죽음의 공포아래 놓여져 있는 인생들을 예수 그리스도께서 속죄의 죽음을 통해 구원하신 것입니다(롬 5:12; 히 2:24-25). 그리스도는 이러한 세상의 속박에서 우리들을 구속(속량)해 내시고, 해방하여(히 2:16), 생명과 평화를 주신 것입니다.

용서를 받고 싶거든

우리를 위한 두 번째 기도가 용서에 대한 부분입니다. 하나님의 용서를 받기를 바라는 사람들은 자기들도 역시 다른 사람들을 용서하여 주어야만 합니다. 하나님의 용서에 의하여 사는 사람들은 그 용서를 자신들도 본받아 실천하는 생활을 해야 합니다. 하나님께서는 우리의 죄과를 우리에게 지우지 않으십니다. 우리도 다른 사람들의 죄과를 그들에게 지울 권리가 없습니다. 우리 모두는 용서받아야 할 죄인들입니다.

'용서'하는 일에도 '남에게 대접을 받고자 하는 대로 너희도 남을 그렇게 대접하라.'는 법칙이 적용됩니다. 그러므로 용서를 베풀지 않으면서 용서받기를 바라는 그리스도인들은 스스로 위선자입니다. 용서는 행위가 아니라 오직 그리스도 안에 있는 믿음입니다. 믿음의 열매는 회개입니다. 믿음에 따르는 이런 회개가 진실로 존재하지 않는 한 그 믿음의 고백 속에는 진실성이 없습니다. 예수님은 남의 과실을 용서하는 자들만이 용서받을 수 있다고 말씀하셨습니다(마 6:14, 15). 용서는 용서하는 자를 영광스럽게 합니다(잠 19:11). 요셉은 17세의 나이에 잘못한 것도 없이 10명의 형들에게 은 20에 팔려가 노예로, 감옥에서 죽을 고생을 하고 살았지만 후에 형들을 용서할 뿐만 아니라 형들의 삶을 책임지는, 성도의 용서에 대한 귀감을 보여줍니다(창 50:21). 주님께서도 제자들에게 무한한 용서를 가르치셨습니다.

"주님!"
"베드로야, 왜 그러느냐?"
"형제가 죄를 지으면 율법에서는 눈은 눈으로 이는 이로 갚으라고 했지만[106] 주님께서 용서하라고 하셨으니 용서해야겠지요?"
"그래 기특하다."
"그런데 몇 번 용서해야 하지요? 일곱 번 정도면 충분하겠지요?"
"일흔 번씩 일곱 번이라도 용서해야 한다."[107]

---

106 눈은 눈으로, 이는 이로, 손은 손으로, 발은 발로, 덴 것은 덴 것으로, 상하게 한 것은 상함으로, 때린 것은 때림으로 갚을지니라(출 21:25).

107 그때에 베드로가 나아와 이르되 주여 형제가 내게 죄를 범하면 몇 번이나 용서하여 주리이까 일곱 번까지 하오리이까 예수께서 이르시되 네게 이르노니 일곱 번뿐 아니라 일곱 번을 일흔 번까지라도 할지니라(마 18:21-22).

사랑하고 축복하라

우리는 원수를 용서하라는 명령과 더불어 사랑하라는 명령을 받습니다. 원수를 사랑함을 통해 우리에게 죄 지은 자에 용서의 진실성이 확인되고 완성된다는 것입니다. 하나님께서는 하나님과 원수된 우리 인간에게 원수 갚으시지 않고 그 아들을 우리를 위한 화목제물로 내어 주셨습니다(롬 5:10). 원수를 사랑하는 방식으로서 원수를 향해 축복하고 기도할 것(마 5:44), 원수를 선대하고 도와 줄 것(눅 6:27, 35)을 명령합니다. 이처럼 원수를 용서하고 사랑하라는 명령에는 인간이 인간의 죄를 심판하고 원수 갚을 권리가 전혀 없음과 원수 갚음, 심판은 오직 하나님의 고유한 영역입니다(롬 12:19). 사람이 원수를 사랑함으로 긍휼을 베풀지 않으면 긍휼을 베풀지 않은 그 사람이 심판을 당하게 됩니다(약 2:13).

3. 우리 죄를 사하여 주시옵고

> 우리가 그리스도 안에서 그의 은혜의 풍성함을 따라 그의 피로 말미암아 속량 곧 죄 사함을 받았으니(엡 1:7).

우리의 죄

신앙으로 살려고 몸부림치는 그리스도인들을 여전히 괴롭히는 것이 있다면 그것은 죄입니다. 예수 그리스도께서 십자가에서 피 흘려 죽으신 대속의 은혜로 죄 사함을 받아 의롭다는 선언을 받았음에도 여전히 우리는 죄를 지으며 살고 있습니다. 오죽하면 바울 사도도 말년에 자신을 죄인 중의 괴수라고 했을까요.[108] 그래서 그리스도인의 삶은 죄와 싸우며 죄로부터 승리하는 삶인 것입니다.

죄 사함의 은총

그리스도인들은 하나님의 용서를 통한 삶을 살고 있습니다. 믿음으로 말미암아 의롭게 된다고 하는 진리도 이 용서에 전적인 근거를 두고 있습니다. 하나님의 아들이 우리가 받아야 할 죄의 형벌을 대신 담당하셨습니다. 우리들을 죄에서 해방시켜 주시지 않았더라면 우리들은 하나님과 더불어 생명을 가질 수도 없었고 천국에 소망을 둘 수도 없었습니다. 그러나 그리스도인들은 이것으로 완전해지

---

108 미쁘다 모든 사람이 받을 만한 이 말이여 그리스도 예수께서 죄인을 구원하시려고 세상에 임하셨다 하였도다 죄인 중에 내가 괴수니라(딤전 1:15).

는 것은 아니기 때문에 용서는 날마다 요구되는 것입니다. 그러므로 예수님께서는 그의 모범적인 기도의 2부에서 물질적인 양식에 대한 기원과 영적인 보호에 대한 기원 사이에 용서를 비는 이 요청을 포함시키셨습니다.

교회는 죄 사함이 넘치는 곳, 교회는 그리스도의 피가 흐르는 곳입니다. 죄 사함이 넘쳐 흐르는 곳입니다. 교회는 예수 그리스도의 이름으로 모든 죄가 용서되는 곳이라야 합니다.

4. 우리를 시험에 들게 하지 마시옵고

> 시험에 들지 않게 깨어 기도하라 마음에는 원이로되 육신이 약하도다 하시고(마 26:41).

지뢰밭 속에서

양식과 용서에 대한 간구 다음으로 우리의 세 번째 요구인 보호에 대한 기원이 등장합니다. 사실상 "우리를 시험에 들게 하지 마시옵고"와 "다만 악에서 구하시옵소서."라는 기원은 두 개의 절(節)로 된 한 문장입니다. 이 두 개의 절은 아주 단순한 내용입니다. 즉 말하자면 '인생은 사망의 음침한 골짜기를 걸어가는 것과 같다.'는 내용입니다. 이와 같은 위험 지대 안에서 우리는 나 자신을 믿을 수가 없습니다. 지뢰밭 속의 지뢰를 언제 밟아 다칠지 모르기 때문입니다. 오직 하나님 아버지께서만 우리들을 안전하게 인도하여 주실 수 있습니다. 주기도문은 성경을 통하여 흐르고 있는 인생관인 하나님의 보호하심을 철저히 믿는 신앙과 연결되어 있습니다. 이 대목에 담겨 있는 진실, 즉 자기 신뢰가 아닌 하나님 신뢰는 우리 모두가 터득해야 할 진리입니다.

하나님의 시험

'시험'이라는 용어는 히브리어 '맛사'를 헬라어 '페이라스몬'으로 번역한 것입니다. 이 단어는 둘 다 시험과 유혹이라는 이중적인 의미로 쓰입니다. 시험이라는 말 속에는 사람이 어느 정도까지는 바로 갈 수 있고 또 어느 정도까지는 잘못 갈 수 있다는 인간의 불완전함에 대한 진리가 담겨 있습니다. 하나님께서 사람을 시험하시는 목적은 시험을 통해 우리들로 하여금 완전한 그리스도인이 되게 하려는 것입니다.[109] 하나님은 우리를 시험(test)하시지만 유혹(temptation)하

---

109 내 형제들아 너희가 여러 가지 시험을 당하거든 온전히 기쁘게 여기라 이는 너희 믿

지는 않습니다. 사탄이 유혹합니다.

하나님께서는 아브라함을 시험(test)하셨습니다(창 22장). 하나님께서는 이삭을 제물로 바칠 것을 말씀하심으로 아브라함을 시험하셨습니다. 이 시험이 있은 후에 하나님께서는 "…이는 네가 나의 말을 준행하였음이니라(창 22:18)."고 아브라함에게 큰 복을 약속하셨던 것입니다(창 22:1, 18). 또 욥의 경우처럼 얼마간 사탄에게 내어 주어 불같은 시험을 당하게 하심으로 인생이 스스로 얼마나 연약한 존재인가를 깨닫고, 그렇기에 하나님의 도우심이 없이는 살 수 없는 존재임을 고백하게 함으로 시험을 통해 정금처럼 변화합니다.[110] 성도는 시험을 통해 그리스도의 영광스러운 십자가 고난에 참여하는 것입니다(벧전 1:7).

그러면 성도는 하나님으로부터 오는 시험을 어떻게 이길 수 있을까요? 성경은 시험이 오거든 이상하게 여기지 말고 오히려 즐거워함으로 기꺼이 인내할 것을 가르치고 있습니다(벧전 1:7, 4:12–13). 하나님의 시험은 복음을 위한 고난과 함께 오기 때문입니다. 이와 같은 사실은 '그리스도께서도 우리와 같은 사람의 몸을 입으시고 친히 시험을 받으셨으므로 시험받은 자를 이해하시며 도우신다(히 2:18, 4:15–16).'는 사실에서도 확인됩니다.

음의 시련이 인내를 만들어 내는 줄 너희가 앎이라(약 1:2, 3).

110 그러나 내가 가는 길을 그가 아시나니 그가 나를 단련하신 후에는 내가 순금 같이 되어 나오리라(욥 23:10).

사탄의 유혹

유혹(temptation)은 사탄이 합니다. 따라서 주기도문 분문의 시험은 유혹(temptation)으로 봐야 합니다. 사탄은 첫 사람 아담을 유혹해서 넘어뜨렸으며(창 3:1–5), 가인을 유혹하여 동생을 죽이게 했습니다(창 4:1–8). 아간이 사탄의 유혹에 넘어갔으며(수 7:1 이하), 성군 다윗도 유혹을 이겨 내지 못했습니다(대상 21:1). 유다도 사탄의 유혹에 넘어갔으며(요 13:2), 베드로도 한 때 사탄의 유혹에 넘어졌습니다(마 16:22–23). 그리고 사탄은 인간 역사 이래 지속적으로 성도를 유혹해 왔고 세상 끝 날까지 유혹을 계속할 것입니다(계 2:10). 사탄은 광야에서 예수님을 유혹(시험) 했는데(마 4:1–11), 이와 같이 사탄이 하나님을 시험한 행위는 이스라엘 역사에 폭넓게 나타났는데(민 14:22), 이스라엘 백성들이 사탄의 유혹을 받아 하나님을 시험하는 행위는 주로 하나님을 향해(모세, 아론 등의 지도자) 불평, 원망, 대드는 형태로 나타났습니다.

사탄은 때로 우는 사자와 같이 두루 다니며 삼킬 자를 찾습니다(벧전 5:8). 사탄은 무섭고 험악한 모습으로 등장합니다. 사탄은 성도들을 믿음의 길에서 떠나게 하려고 모든 잔인한 방법을 동원합니다. 안정되고 평안한 삶을 사는 성도들을 흔들어 놓습니다. 사탄은 핍박으로 성도들을 이리저리 쫓아내고, 고난으로 성도들을 몰아내기도 합니다. 그러나 사탄은 때때로 광명한 천사와 같이 나타나 유혹하기도 합니다(고후 11:14). 이 경우 사탄은 온화하고 부드러운 모습으로 등장합니다. 사탄은 성도들을 신앙의 길에서 떠나게 하려고 모든 방법을 동원합니다. 사탄은 성도들에게 부요를 주어 안일하게 만들고, 지위를 주어 교만하게 만듭니다. 사탄은 성도들을 살찌게 하여 둔화시키고, 성도들을 무력화시킵니다.

사탄도 타락한 천사이기 때문에 상당한 권세를 가지고 있습니다. 성경은 이와 같은 사탄의 유혹을 이기는 길에 대해 유혹으로부터 도망할 것(창 39:12), 정욕을 피할 것을 말씀하십니다(딤후 2:22). 긍극적으로는 하나님께 '우리를 사탄의 유혹에 빠져 들어가는 것을 막아 주시기를' 기도해야 하는 것입니다. 모든 사람은 육신이 연약하기 때문에 매 순간 시험에 빠질 가능성을 가지고 살아갑니다. 겟세마네 동산에서 제자들이 잠을 자고 있는 것을 발견하였을 때 예수님은 다음과 같이 말씀하셨습니다. "시험에 들지 않게 깨어 기도하라 마음에는 원이로되 육신이 약하도다(마 26:41)." 성도들은 시험에서 이기기 위해 깨어 기도해야 합니다.

5. 다만 악에서(우리를) 구하시옵소서

> 주께서 경건한 자는 시험에서 건지실 줄 아시고 불의한 자는 형벌 아래에 두어 심판 날까지 지키시며(벧후 2:9).

사탄은 실제 한다

악에 관하여 제일 먼저 말하고자 하는 것은 이 악은 실제로 존재하는 사탄의 세력이라는 사실입니다. 우리가 악이 실제로 존재하지 않는 것처럼 여겨서는 안 됩니다. 세상에 선이 실재하는 것처럼 악도 실재합니다. 하나님께서는 예수 그리스도의 십자가를 통해 악을 정복하셨고 결국에는 이 악을 완전히 제거하실 것입니다. 그리스도의 오심으로 사탄은 망했습니다.[111] 그리스도께서는 십자가상에서 우주적인 악을 정복하셨습니다(골 2:15). 그리고 그리스도께서는 그의 재림 때에 이 악을 최종적으로 진멸시키실 것입니다. 그날이 오면, 그리스도인들은 내적 외적 악에서 벗어나서 자신들에게는 가장 위대한 선이 돌아오고 하나님께는 가장 위대한 영광이 돌아가는 것을 보게 될 것입니다.

이렇게 악의 정복을 통해 위대한 선과 영광은 결과적으로 오히려 더 빛나게 될 것입니다. 이 사실이 결국 어찌해서 악이 그렇게 오래도록 하나님의 세계에 머물도록 내버려 두셨는가 하는 데 대한 하나님의 지혜와 선하신 의도를 보여 줄 것입니다. 그럼에도 지금 악의 세력은 여전히 활동하고 있습니다. 주님께서 재림하실 때까지 더욱

---

111 예수께서 이르시되 사탄이 하늘로부터 번개 같이 떨어지는 것을 내가 보았노라(눅 10:18).

기승을 부리며 활동할 것입니다. 때로는 우는 사자처럼, 때로는 솜사탕처럼 달콤하게 다가올 것입니다. 주로 성도가 악한 세력들의 공격 대상이 됩니다. 성도는 악의 세력, 하나님의 뜻에 벗어나는 세력에 대해서는 기도하며 가차없이 대적해야 합니다.

S.O.S.

우리는 어려운 환경에서뿐만 아니라 우리 안에 있는 영적인 악에서도 구출을 받아야 합니다. 우리의 마음속에 있는 죄는 하나님의 뜻과 다른 일을 행하며 또 하나님보다 다른 것들을 더 사랑하는 성향을 가지고 있습니다. 우리는 언제 어디에서나 내적인 죄로 인하여 잘못된 길로 빠질 위험을 안고 살아갑니다. 그리스도인들은 자신들을 바라볼 때 하나님과의 교제를 막는 사탄의 방해에서 거듭거듭 구원 받았다고 생각합니다.

> 그가 이같이 큰 사망에서 우리를 건지셨고 또 건지실 것이며 이 후에도 건지시기를 그에게 바라노라(**고후 1:10**).

이와 같은 바울의 생각은 인생에 대한 성경 전체의 전형적인 판단입니다. 우리는 이제 자신의 인생이 온갖 종류의 악에 의한 위협과 위험을 가지고 있으며 또 그렇기 때문에 매 순간 하나님의 구출을 필요로 한다는 것을 확인할 수 있어야 합니다.

구해 주시는 하나님

이제 중요한 점은 이 기도를 우리들에게 주신 주님의 의도를 알아야 합니다. 우리들이 악으로부터 구해 주기를 구하면 주님께서는 우리를 구해 줄 것이라는 약속을 하고 계십니다.[112] 우리가 "구하여 주시옵소서."라는 요청을 하는 그 순간 하나님의 구원의 역사는 시작이 되는 것입니다. 그리고 하나님의 도우심이 나타나기 시작하여 어떠한 형태의 악이 우리를 위협하든지 그 악을 극복하도록 하십니다.

6. 나라와 권세와 영광이 아버지께 영원히 있사옵나이다

> 내가 또 들으니 하늘에 큰 음성이 있어 이르되 이제 우리 하나님의 구원과 능력과 나라와 또 그의 그리스도의 권세가 나타났으니 우리 형

---

112 그러므로 자기를 힘입어 하나님께 나아가는 자들을 온전히 구원하실 수 있으니 이는 그가 항상 살아 계셔서 그들을 위하여 간구하심이라(히 7:25).

제들을 참소하던 자 곧 우리 하나님 앞에서 밤낮 참소하던 자가 쫓겨 났고(계 12:10).

하나님의 나라

하나님 나라는 창조의 질서 전체에 걸쳐 하나님의 통치를 받는 나라입니다. 영원한 하나님의 나라입니다. 이 사실은 '나라이 임하옵시며'라는 기원에서 하나님의 나라가 만물에 미치는 구속의 질서라고 하는 그런 의미에서 이미 전제되어 있었던 것입니다. 이 나라는 이미 하늘에서 이루어졌고, 믿는 성도들 가운데 이루어졌으며, 하나님의 교회 안에 충만히 이루어져 가고 있으며 온 세상으로 확장되어 가고 있습니다. 교회가 하나님 나라입니다. 이제 얼마 후면 온 세상이 하나님의 통치를 즐거워하는 완전한 하나님 나라로 변화될 것입니다.

큰 권세 주께 있으니

권세(Authority)는 남을 승복(承服)하게 하고, 복종하게 하는 힘 또는 지배력을 말합니다. 특히 신약에 많이 씌어져 있고, 하나님의 권세,

예수의 권세에 대해 빈번하게 사용되고 있습니다(마 7:29, 9:6, 8, 28:18; 막 2:10; 눅 4:6; 요 1:12, 17:2; 롬 13:1 등). 권세는 하나님께만 있고, 이 세상의 다른 권세는 하나님께 복종해야 할 것입니다. 하나님으로부터 유래하는 권세야말로 참 권세이며 영원한 권세입니다. 정치적 권세라든지 세상 권세도 하나님의 정하신 바입니다(롬 13:1). 그러므로 하나님의 뜻을 따라 일하시는 그리스도의 교훈과 행위에는 완전한 권세가 있는 것이고(막 1:22, 27), 예수께서 택하신 제자들의 사역에도 권세가 주어졌습니다(막 3:15). 또한 이 세상에는 사탄적인 권세도 보여지는데(계 13:2 이하) 하나님의 권세 아래 멸망될 것입니다.

권세는 하나님의 통치로 나타난다

하나님의 '권세'는 하나님의 다스리심이 이 땅에 명백하게 나타내 보여 주는 하나님의 실제적인 통치입니다. 그러므로 이 권세는 한바탕 휘몰아치고 순식간에 사라지는 태풍의 세력과 같은 무모한 권세가 아닙니다. 혹은 아프리카 초원을 누비는 맹수의 세력이나 무모한 독재자의 세력과 같은 권세도 아닙니다. 이 '권세'는 어느 누구도 없앨 수 없는 영원한 권세입니다.[113] 이 권세는 은혜로운 권세요 자비

113 그에게 권세와 영광과 나라를 주고 모든 백성과 나라들과 다른 언어를 말하는 모든

와 사랑의 목적을 성공적으로 성취시키는 권세입니다. 이 권세로 말미암아 하나님께서는 모든 사람들에게 좋으신 하나님, 구원의 하나님이 되시는 것입니다. 그리고 이 권세로 말미암아 하나님께서는 이스라엘 백성들을 애굽에서 구출해 내셨고, 예수 그리스도를 죽음에서 부활하게 하셨던 것입니다(엡 1:19, 20). 하나님께서는 이 권세로 우리를 영원한 하나님 나라에 이르게 할 것입니다. 주님은 교회에 하나님의 권세를 주셨습니다.

영광의 하나님

영광(Glory)이라는 용어는 히브리어로 '카보드'이며 헬라어에서는 '독사'로 번역했습니다. 이 용어는 하나님의 완전성, 탁월성, 임재를 표현하기 위해 특별히 씌어집니다. 이 말에는 가끔 레바논의 영광(사 35:2), 솔로몬의 모든 영광(마 6:29) 등에서처럼 사물이나 인간의 뛰어난 것, 빛나는 것 등에도 씌여지나 인간적이고 자연적인 영광은 풀의 꽃처럼 일시적이고 없어질 것들입니다(벧전 1:24). 참 영광은 하나님의 나타나심과 이에 대한 하나님 찬양에 있어서 씌어집니다. 구

자들이 그를 섬기게 하였으니 그의 권세는 소멸되지 아니하는 영원한 권세요 그의 나라는 멸망하지 아니할 것이니라(단 7:14).

약에서 하나님은 시내 산을 덮는 구름으로 이스라엘의 성막 위에 머문 불기둥과 구름기둥으로 친히 그 임재를 보여 주시고 그 영광을 나타내셨습니다(출 24:16, 40:35). 하나님의 피조물인 인간은 이 하나님을 직접 볼 수가 없으므로 다만 그 영광을 간접적으로만 봤습니다(출 33:17-23). 하나님의 영광에 접할 때 사람은 그 광채에 감탄하고(시 111:2-3), 스스로의 죄를 통회하며(수 7:19), 하나님을 전심으로 찬양합니다(시 29:1, 2, 66:2). 신약에 있어서는, 예수 그리스도야말로 아버지의 독생자의 영광이시고(요 1:14), 하나님의 영광의 광채시요 그 본체의 형상이십니다(히 1:3). 특히 그리스도의 부활은 하나님의 영광의 나타나심이고(롬 6:4), 승천도 그러하며(행 1:9), 십자가도 또한 죄에 대한 승리로서 영광을 드러내고 있습니다(요 12:23). 지금 이 시대에는 교회가, 성도들이 하나님의 영광입니다.

영광을 하나님께

이 영광은 그리스도를 믿는 자가 장차 입게 될 것을 대망하는 하나님의 은사입니다(롬 5:2). 고난을 통하여 영광에 들어가신 그리스도를 믿는 자는(눅 24:26; 히 2:10) 그리스도에 인도되어, 그와 함께 영광을 받기 위하여 고난도 함께 받고 있는 것입니다(롬 8:17). 이러한 영광의 소망을 가지고 사는 신자의 생애는, 무슨 일에 있어서나, 하나님께 영광을 돌려야 할 것을 명령받고 있습니다(고전 6:20, 10:31; 빌 3:21). 우리는 우리들을 영광되게 하여 주신 하나님의 은혜에 감사함으로 하나님께 영광을 돌리고 있습니다. 우리 인간 편에서 하나님께 돌리는 영광은 항상 하나님께서 베푸신 은혜에 감사하여 돌리는 영광이지만 하나님께서 인간에게 보여 주시는 여러 가지 영광들은 항상 하나님께 찬양을 돌리려는 목적을 가지고 있습니다. 그러므로 우리는 무한한 은혜를 베푸시는 하나님께 경배와 감사와 찬양으로 영광을 돌리는 것이 합당합니다.[114] 이러한 경배와 찬양과 감사는 예배 시간에 집중적으로 이루어집니다.

아멘

주기도문은 '아멘'으로 기도를 마무리하고 있습니다. '아멘'이라는 말은 '진실하다, 확고부동하다, 확실하다' 등의 의미를 가지고 있습니다. 그리고 이런 의미의 '아멘'은 이제까지 기도한 것을 하나님께서 들으시고 이루어 주실 것임에 대한 분명한 확신을 표현하는 것입니다. 보통 '아멘'이라는 말을 해석할 때 '그렇게 되기를 원하옵니

114 영원하신 왕 곧 썩지 아니하고 보이지 아니하고 홀로 하나이신 하나님께 존귀와 영광이 영원무궁하도록 있을지어다 아멘(딤전 1:17).

다.'라고 해석하지만 실제로는 이와 같은 해석은 너무 약합니다. '아멘'이라는 말은 소원을 나타내는 데 그치는 것이 아니라 '꼭 그렇게 됩니다.'라고 하는 확신을 나타냅니다. 그래서 성도는 범사에 "아멘, 아멘"을 잘해야 합니다.

> 라오디게아 교회의 사자에게 편지하라 아멘이시요 충성되고 참된 증인이시요 하나님의 창조의 근본이신 이가 이르시되(**계 3:14**).

결코 길다고 할 수 없는 주기도문은 교회의 예배에서 또는 성도의 개인 기도문으로 빈번하게 암송의 형태로 하나님께 기원되어지고 있습니다. 그것은 우리가 지금까지 살펴본 것처럼 "하늘에 계신 우리 아버지여"로 시작하여 "아멘"으로 끝을 맺는 이 주기도문이 너무도 소중하기 때문입니다. 주기도문은 하나님의 아버지 되심을 상기하며, 아버지의 이름과 나라를 위해 아버지 하나님의 뜻이 이루어지기를 기도합니다. 그리고 아버지 하나님께 일용할 양식을 구하며 사죄의 은총을 구합니다. 시험에 들지 않기를 구하며 악에서 구해주시기를 기도합니다.

세 번째 에센스

십 계 명

들어가면서

너는 나 외에는 다른 신들을 네게 두지 말라.
너를 위하여 새긴 우상을 만들지 말고
또 위로 하늘에 있는 것이나 아래로 땅에 있는 것이나
땅 아래 물 속에 있는 것의 어떤 형상도 만들지 말며
그것들에게 절하지 말며 그것들을 섬기지 말라.
너는 네 하나님 여호와의 이름을 망령되게 부르지 말라
여호와는 그의 이름을 망령되게 부르는 자를 죄 없다 하지 아니하리라.
안식일을 기억하여 거룩하게 지키라.
네 부모를 공경하라.
살인하지 말라.
간음하지 말라.
도둑질하지 말라.
네 이웃에 대하여 거짓 증거하지 말라.
네 이웃의 집을 탐내지 말라.

“십계”와 찰톤 헤스톤

“십계”하면 20세기가 낳은 명배우 찰톤 헤스톤을 먼저 생각하시는 분들이 많을 것입니다. 찰톤 헤스톤은 배우로도 명성을 날렸지만 신실한 신앙인으로도 존경을 받는 분입니다. “십계”는 오래 전에 만들어진 영화임에도 그가 주연한 “벤허”와 더불어 명화 중의 명화로 남아 있는 걸작입니다.

나라마다 국민들의 삶을 규정하는 법전이 있는데 하나님 나라에도 그 백성들의 삶을 규정하는 법이 있습니다. 하나님 나라 백성들을 위한 표준적인 법은 ‘십계명’입니다. 열 가지 법으로 이루어졌다고 하여 십계명이라고 합니다. 십계명은 하나님께서 하나님 나라를 이루고 하나님 백성을 만드시기 위해 교회에 주신 법입니다. 성도의 신앙생활의 가장 귀한 복은 결국 하나님의 형상을 온전히 회복하는 데 있습니다. 그런데 하나님의 형상은 지속적인 신앙적 삶을 통해 완성되어 갑니다. 하나님께서는 하나님의 자녀들이 하나님의 형상을 회복하는 삶의 방편으로 십계명이라는 보배를 주셨습니다.

십계명의 역사적 배경

요셉이 애굽의 총리가 되었을 때 야곱 가족 70명은 애굽으로 이

주하여 애굽의 고센에 정착합니다. 그로부터 400여 년이 흐르면서 야곱의 후손들은 전쟁에 참여할 수 있는 장정들만 60여만 명, 대략 300만에 이르는 엄청난 수로 생육하고 번성합니다. 출애굽 직전 이들은 애굽의 노예 상태였습니다. 노예 상태에 있는 이들이 국가라는 체제를 갖추기 위해 가장 먼저 필요한 것은 노예로부터의 해방과 더불어 국가적 법령을 갖는 일이었습니다. 율법이 없이는 국가 공동체 형성은 불가능합니다. 때문에 하나님은 하나님 나라로 출발하는 이스라엘이라는 교회 공동체에 신국(神國)의 기틀로서 신율(新律)을 주신 것이 바로 십계명입니다.

하나님께서는 이스라엘이 출애굽한 후 세 번째 달(출 19:1), 시내 산에 도착한지 사흘 후에 십계명을 이스라엘의 모든 회중이 듣는 가운데서 선포하셨습니다(신 5:22). 하나님께서는 계약을 체결하신 40일 후에 시내 산 위에서 친히 그의 손가락으로 십계명을 두 개의 돌판 양면에 새겨 모세에게 주셨습니다(출 31:18, 32:15 이하). 그런데 모세가 시내 산에서 하나님으로부터 십계명을 받아 가지고 백성들에게 내려왔을 때 백성들은 그 사이에 우상 숭배에 빠져 있었습니다. 이에 모세는 격노하여 하나님께서 이스라엘 민족에게 주신 십계명이 쓰여진 돌판을 던져 깨버렸습니다(출 32:19). 그러나 하나님은 백성들을 용서하시고 인자를 베푸셔서 모세를 다시금 산으로 불러 십계명과 그 외의 여러 가지 율법들을 모세에게 주셨습니다. 그리고 십계명을 모세가 준비한 돌판에 직접 다시 새겨 주셨습니다. 이 돌판들은 후에 성막 안 지성소의 언약궤 안에 만나와 아론의 싹난 지팡이와 함께 보관되었습니다.

하나님을 사랑하라

십계명은 두 부분으로 나누어집니다. 전반부 1-4계명까지는 하나님을 사랑하라는 내용입니다. 1계명은 하나님 외의 다른 신을 섬기지 말라는 것입니다. 이것은 구약성경에서의 하나님과 이스라엘 사이의 중심 문제이며 십계명 중 가장 뼈대가 되는 계명입니다. 사탄은 이점에 있어서 주님조차도 시험했습니다(마 4:8-11).

2계명은 우상을 섬기지 말라는 것입니다. 이 계명의 초점은 상상의 하나님, 인위적인 신을 섬기는 것이 아니라 하나님께서 친히 알려 주신 계시된 하나님을 섬기라는 것입니다. 하나님께서 계시하지 아니한 하나님을 섬기는 것은 모두가 우상입니다.

3계명은 하나님의 이름을 망령되이 일컫지 말라는 것이니 이는 하나님의 이름을 무책임하게, 가치 없이, 선한 목적 없이 사용해서는 안 된다는 것입니다. 성도는 주의 이름을 사랑하여야 합니다(시 5:11). 하나님께 영광을 돌려야 합니다.

4계명은 안식일을 기억하여 거룩하게 지키라는 것입니다. 안식일은 하나님의 날이며(출 16:23), 안식일은 거룩한 날이니 인간은 이날을 속되게 보내서는 안 됩니다. 그러나 이스라엘에게 주어진 안식은 예수 그리스도 안의 참된 안식을 향한 그림자였습니다. 예수님께서 안식일의 주인으로 오심으로 비로소 진정한 안식이 이루어졌습니다.

네 이웃을 네 몸처럼 사랑하라

후반부인 5-10계명은 이웃 사랑에 관한 계명입니다. 부모를 공경하라는 5계명은 십계명의 전반부와 후반부를 연결해 주면서 이웃 사랑의 기초가 무엇인지를 주지시키는 내용입니다. 하나님을 사랑하는 사람은 이웃을, 그것도 부모 형제부터 사랑함이 마땅하다는 것입니다.

6계명은 살인하지 말라는 것입니다. 주님은 이 계명을 분노, 모욕, 다툼 등 영적인 부분에까지 적용하셨고, 이런 자들을 6계명을 어기는 그래서 살인하는 마귀의 자녀라고 하셨습니다(요 8:44).

간음하지 말라는 7계명은 결혼 관계 이외의 남녀 사이의 성관계를 금합니다. 구약은 혼인 외의 모든 성관계를 금합니다. 주님은 마음에 의해서도 간음 죄가 성립됨을 말씀하셨고(마 5:27), 이혼도 간음이라고 가르치셨습니다(마 5:31 이하).

8계명인 도둑질하지 말라는 계명은 신약에서 도둑질한 자는 구제하기 위해서 노동에 힘쓰라고 함으로써 더욱 적극적인 형태로 권해집니다(엡 4:28).

거짓 증거하지 말라는 9계명은 법정에서의 상황이며, 거짓 증언으로 이웃에게 돌아가게 될 피해를 방지하고자 했습니다.

십계명의 마지막 부분은 이웃의 것은 무엇이든 탐내지 말라고 경고합니다.

온 율법과 선지자의 강령

많은 율법 중 어느 계명이 가장 크냐고 물었던 한 율법사의 질문에 대해 주님께서는 십계명이 가장 큰 계명이며 모든 계명의 근본이라고 답하십니다.[115] 주님께서는 이 율법을 완성시키기 위해 오셨습니다.[116] 십계명은 기독교 윤리, 하나님 나라 윤리의 근간이 될 뿐만 아니라 인류가 지향하는 최고선을 향한 윤리의 근본입니다. 우리는

---

115 그중의 한 율법사가 예수를 시험하여 묻되 선생님 율법 중에서 어느 계명이 크니이까 예수께서 이르시되 네 마음을 다하고 목숨을 다하고 뜻을 다하여 주 너의 하나님을 사랑하라 하셨으니 이것이 크고 첫째 되는 계명이요 둘째도 그와 같으니 네 이웃을 네 자신 같이 사랑하라 하셨으니 이 두 계명이 온 율법과 선지자의 강령이니라(마 22:35-40).

116 내가 율법이나 선지자를 폐하러 온 줄로 생각하지 말라 폐하러 온 것이 아니요 완전하게 하려 함이라(마 5:17).

십계명을 통해 인류의 하나님에 대한 의무와 인간에 대한 의무를 올바로 인식할 수 있습니다. 이와 같은 십계명의 근본정신은 하나님을 경외함과 이웃 사랑에 관한 대강령이며, 동시에 하나님 나라 백성의 표지입니다. 십계명, 즉 하나님을 경외함과 이웃에 대한 사랑이 성도의 삶의 원리가 될 때 성도는 하나님께서 의도하신 가장 큰 복인 하나님의 형상에 이르게 됩니다. 따라서 성도들은 십계명을 삶의 금과 복조로 알고 지켜야 합니다.

십계명은 두 부분으로 나누어집니다.
전반부 1-4계명까지는 하나님을 사랑하라는 내용입니다.
1계명은 하나님 외의 다른 신을 섬기지 말라는 것입니다.
2계명은 우상을 섬기지 말라는 것입니다.
3계명은 하나님의 이름을 망령되이 일컫지 말라는 것이니
이는 하나님의 이름을 무책임하게, 가치 없이, 선한 목적 없이
사용해서는 안 된다는 것입니다.
4계명은 안식일을 기억하여 거룩하게 지키라는 것입니다.
5계명은 십계명의 전반부와 후반부를 연결해 주면서
이웃 사랑의 기초가 무엇인지를 주지시키는 내용입니다.
6계명은 살인하지 말라는 것입니다.
간음하지 말라는 7계명은 결혼 관계 이외의 남녀 사이의 성관계를 금합니다.
8계명인 도둑질하지 말라는 계명은 신약에서 도둑질한 자는
구제하기 위해서 노동에 힘쓰라고 함으로써 더욱 적극적인 형태로 권해집니다.
거짓 증거하지 말라는 9계명은 법정에서의 상황이며,
거짓 증언으로 이웃에게 돌아가게 될 피해를 방지하고자 했습니다.
십계명의 마지막 부분은 이웃의 것은 무엇이든 탐내지 말라고 경고합니다.

1계명

너는 나 외에는 다른 신들을 네게 두지 말라

하나님이 이 모든 말씀으로 말씀하여 이르시되
나는 너를 애굽 땅, 종 되었던 집에서 인도하여 낸
네 하나님 여호와니라
너는 나 외에는 다른 신들을 네게 두지 말라.
_출애굽기 20장 1-3절

신(神)은 한 분이시다

첫 번째 계명은 하나님과 인간의 관계를 알려 주는 내용입니다. 하나님과 인간의 관계는 사람이 오직 하나님만을 섬길 것을 요구하는 것입니다. 이것이 기독교와 다른 종교들의 차이점입니다. 다른 종교들은 피차간 자기들이 섬기는 신들을 인정해 주고 용납합니다만 기독교는 다른 종교나 다른 신을 인정하지도, 용납하지도 않습니다. 하나님 외에 다른 신은 없기 때문입니다.[117]

하나님 외의 다른 신은 사람들이 신으로 여기거나 만든 것일 뿐입니다. 따라서 다른 신을 섬기는 종교들은 모두가 사람이 만든, 참

117 인간의 신에 대한 개념은 일반적으로 3단계가 있다. 첫째는 다신교(polytheism)로 많은 종류의 신들이 존재한다고 여기고 많은 신들을 섬긴다. 성경에 대표적으로 나타나는 다신교도들은 바울이 아덴에서 만난 사람들이다(행 17:22-23).

다음으로는 단일신교(henotheism)로서 많은 신들의 존재를 인정하지만 그중 한 신을 선택하여 국가 신으로 믿는다. 국가 간의 갈등은 이들 신들끼리의 갈등으로 여겼다. 문제는 다른 신을 섬기는 나라와 혼인관계가 이루어질 경우 자기들이 섬기던 신을 가지고 와서 섬기는 경우이다. 솔로몬의 처들(왕상 11:4), 아합의 처가 가져온 신들(왕상 16:31)이 그런 경우이다.

마지막으로 일신교(monotheism)이다. 일신교는 온 천하에 신은 한 분뿐이라는 신관이다. 다신교와 단일신교가 타락한 인간의 종교성에서 발생한 것인 반면 일신교는 성경이 계시한 신관이다. 성경만이 유일신관을 계시한다. 따라서 성경에서 말하는 일신교의 신은 여호와 하나님이시다. 여호와 하나님 한 분만이 온 천지와 우주에 충만하신 유일신이시다. 여호와 하나님 외에 다른 신은 없다(신 4:35; 사 43:12, 44:6-8, 45:5, 21). 여호와 하나님 외에 신이라고 하는 것들은 모두 인간이 만들거나 상상한 거짓 신이다(렘 51:17; 합 2:18).

신이 아닌 거짓 신을 섬기는 거짓 종교입니다.

가짜를 경계하라

성경에 말씀하신 여호와 외에 다른 신을 섬기는 것은 거짓 신을 섬기는 것이며 첫 계명을 깨뜨리는 것입니다. 그러나 첫 계명을 깨뜨린다는 것이 석가모니나 공자 또는 셀 수도 없이 많은 현대 우상들 중의 어느 하나를 섬기는 것만을 의미하는 것은 아닙니다.

우리가 하나님 외에 어느 사람이나 어느 사물에 우리의 최고의 관심과 사랑을 퍼부을 때 그것이 바로 첫 계명을 깨뜨리는 것입니다. 왜냐하면 최고의 관심과 사랑은 오직 하나님만 받으실 수 있는 것이기 때문입니다. 또 자주 우리는 우리 자신이나 자신의 생각으로 하나님을 대신하기도 합니다. 그뿐 아니라 성경은 성공, 물질적인 소유, 명예 또는 다른 사람들을 지배하려는 모든 종류의 탐심이 곧 우상 숭배라고 경고합니다.[118]

---

118 그러므로 땅에 있는 지체를 죽이라 곧 음란과 부정과 사욕과 악한 정욕과 탐심이니 탐심은 우상 숭배니라(골 3:5).

나는 스스로 있는 자니라

우리가 하나님 외의 다른 신을 섬겨서는 안 되는 이유는 무엇일까요? 다음은 하나님께서 모세에게 소명을 주시던 장면입니다.[119]

"너는 가서 내 백성 이스라엘을 바로에게서 인도하라."
"누가 나를 보냈다고 할까요?"
"스스로 있는 자가 나를 너희에게 보냈다고 하라(I AM THAT I AM)."

하나님께서는 모세에게 자신을 '스스로 있는 자'로 천명하십니다. 천지 만물 중 하나님만이 스스로 존재하시는 분입니다.[120] 어느 누구도 하나님을 창조하지 않았습니다. 또 그는 스스로도 충족하신 분

---

119 이제 내가 너를 바로에게 보내어 너에게 내 백성 이스라엘 자손을 애굽에서 인도하여 내게 하리라 모세가 하나님께 아뢰되 내가 누구이기에 바로에게 가며 이스라엘 자손을 애굽에서 인도하여 내리이까 하나님이 이르시되 내가 반드시 너와 함께 있으리라 네가 그 백성을 애굽에서 인도하여 낸 후에 너희가 이 산에서 하나님을 섬기리니 이것이 내가 너를 보낸 증거니라 모세가 하나님께 아뢰되 내가 이스라엘 자손에게 가서 이르기를 너희의 조상의 하나님이 나를 너희에게 보내셨다 하면 그들이 내게 묻기를 그의 이름이 무엇이냐 하리니 내가 무엇이라고 그들에게 말하리이까 하나님이 모세에게 이르시되 나는 스스로 있는 자이니라 또 이르시되 너는 이스라엘 자손에게 이같이 이르기를 스스로 있는 자가 나를 너희에게 보내셨다 하라(출 3:10–14).

120 하나님이 모세에게 이르시되 나는 스스로 있는 자이니라 또 이르시되 너는 이스라엘 자손에게 이같이 이르기를 스스로 있는 자가 나를 너희에게 보내셨다 하라(출 3:14).

입니다. 하나님께서는 그 무엇을 얻기 위해 그 누구에게 의존하지 않으십니다. 하나님은 천지와 그 가운데 존재하는 모든 것을 창조하신 분입니다. 세상과 인생들을 창조하신 주인이 하나님이십니다. 하나님 한 분만이 시작도 없고 끝도 없으신 분입니다.

이보다 못한 신은 신이라 할 수 없습니다. 하나님 외의 신이라고 불리우는 존재들은 사람, 짐승, 돌, 자연에 나타나는 우상입니다. 우상 중에는 사람들이 상상해서 만든 것들도 많습니다. 스스로 있는 자가 아니라 피조물이라는 뜻입니다. 그러므로 우리의 하나님은 바로 이런 분이시므로 우리에게 그와 같은 예배를 요구하실 수 있습니다.

인류 최대의 빅뉴스

하나님께서는 모세에게 이스라엘의 출애굽을 명하시면서 자신을 '스스로 있는 자'라고 말씀하십니다. 스스로 계신 하나님께서는 과연 그의 말씀처럼 이스라엘을 애굽에서 인도하여 내십니다. 이스라엘을 애굽에서 인도하여 낸 하나님께서는 이스라엘과 시내 산에서 언약을 맺으십니다. 하나님께서는 이스라엘을 향해 "너를 애굽 땅 종 되었던 집에서 인도하여 내었다."라고 자신을 소개하시면서 오직 하나님만 섬길 것을 명하십니다.

주전 1400년경에 지구 상에서 가장 문화가 발달하고 강력한 나라는 애굽(이집트)이었습니다. 당시 애굽의 권세는 21세기의 미국에 비할 바가 아니었습니다. 그 당시 애굽은 자기 나라 변방에 사는 아브라함의 후손인 히브리인들을 노예로 부리고 있었습니다. 그런데 이 히브리인들이 당시 세계의 초강대국 애굽의 집요한 방해에도 애굽을 무력화시킨 후 애굽을 나와 현재의 팔레스타인에 살던 원주민들을 몰아내고 나라를 세운 것입니다.[121]

이 일은 히브리 민족의 힘으로는 절대로 불가능한 인류 역사상 전무후무한 사건이었습니다. 성경은 하나님께서 히브리 민족, 애굽과 그 주변 민족의 역사에 개입하심으로 이스라엘을 하나님께서 직접 다스리시는 나라로 세웠다고 주장합니다. 이 주장을 반박할 근거가 도무지 없습니다. 그리고 초강대국 애굽은 히브리인들을 놓아 주지 않으려고 온갖 방법을 총동원했다가 실패했고 그 이후 애굽은 세계 초강대국의 위치를 잃어버렸으며 그 후 역사상 한번도 과거의 번영을 회복하지 못했습니다.

노예들을 신정국가로 세운 하나님의 메시지

그러면 하나님께서 노예 상태의 보잘것없던 히브리 민족을 초강

121 이 사건은 이미 역사적으로 확인된, 어느 누구도 의문을 제기할 수 없는 진리입니다.

대국 애굽에서 불러내어 가나안에 신정국가인 이스라엘을 세우셨던 목적은 무엇일까요? 하나님은 이 사건을 통해 하나님만이 전능하신 참 신이심과 하나님 외에 다른 신은 없다는 사실을 당시 세계 최강대국인 애굽을 비롯한 천하 만민에게 선언하신 것입니다. 이 하나님은 다름 아닌 천지의 창조주이시며, 인류의 창조주이시고, 인간의 생사화복을 주장하시는 분이십니다. 하나님께서는 출애굽 사건과 이스라엘이라는 신정국가를 세우시는 과정을 통해 이 사실을 온 천하에 알리셨습니다. 그리고 하나님은 교회와 성도들에게 진리를 알리라고 명하셨습니다.

우리는 과연 하나님만 섬기고 있을까요?

우리는 이 계명을 얼마나 지키고 있을까요? 우리가 이 첫 계명을 지킨다는 것은 예수님의 말씀대로, 우리의 마음을 다하고 목숨을 다하고 뜻을 다하여 주 우리 하나님을 사랑하라는 것입니다.[122]

성도들은 모든 것을 하나님의 관점에서 보고, 하나님과 관계된 것이 아닌 일은 하지 않아야 합니다. 그분의 뜻을 우리의 안내자로

---

122 예수께서 이르시되 네 마음을 다하고 목숨을 다하고 뜻을 다하여 주 너의 하나님을 사랑하라 하셨으니(마 22:37).

삼으며, 그분을 영광스럽게 하는 데 우리의 목표를 둡니다. 우리의 생각과 말과 행동, 일할 때나 휴식을 취할 때도 하나님을 먼저 생각해야 합니다. 친구와의 우정과 우리의 직장 생활에서 그리고 우리의 돈과 시간과 재능을 사용함에 있어서도 하나님을 먼저 생각합니다. 이것이 우리 인생의 본분입니다.[123] 하나님께서 우리 안에 거하시게 하신 성령의 능력을 힘입을 때 우리는 하나님의 영광을 위해 살 수 있습니다.

하나님을 아는 지식

하나님의 영광을 위해 사는 것, 하나님을 섬기는 척도는 하나님을 아는 지식의 정도에 정비례합니다. 하나님을 아는 지식이 하루아침에 생기는 것은 아닙니다. 우리 믿음의 조상인 아브라함의 경우도 그렇습니다. 아브라함은 그돌라오멜 왕의 연합군을 파하고 붙들려 간 조카 롯을 구하여 오는 길에 그를 영접한 소돔 왕에게 그를 도와 이기게 하신 하나님을 "천지의 주재시며 지극히 높으신 하나님"으로

---

123 그런즉 너희가 먹든지 마시든지 무엇을 하든지 다 하나님의 영광을 위하여 하라(고전 10:31).
무슨 일을 하든지 마음을 다하여 주께 하듯 하고 사람에게 하듯 하지 말라(골 3:23).

[124] 선언합니다. 그돌라오멜과의 전쟁 후 그돌라오멜 연합군이 다시 쳐들어오지 않을까 하는 두려움에 쌓여 있던 아브라함에게 하나님께서는 자신을 아브라함의 방패요 상급으로 계시하십니다.[125]

세월이 흘러 17장에서는 아브라함은 하나님을 전능하신 하나님으로,[126] 21장에서는 영생하시는 하나님으로[127] 고백합니다. 아브라함은 점점 하나님을 깊이 알아가면서 하나님과의 교제도 깊어지고 하나님을 신뢰하는 정도 또한 깊어져 자신의 아들을 바치라는 하나님의 명령에도 순종함으로 하나님을 신뢰하고 경외하게 됩니다.[128]

하나님을 경외하자

인류 역사상 솔로몬처럼 부귀영화를 마음껏 누려 본 사람도 드물

---

124 아브람이 소돔 왕에게 이르되 천지의 주재이시요 지극히 높으신 하나님 여호와께 내가 손을 들어 맹세하노니(창 14:22).

125 이 후에 여호와의 말씀이 환상 중에 아브람에게 임하여 이르시되 아브람아 두려워하지 말라 나는 네 방패요 너의 지극히 큰 상급이니라(창 15:1).

126 아브람이 구십구 세 때에 여호와께서 아브람에게 나타나서 그에게 이르시되 나는 전능한 하나님이라 너는 내 앞에서 행하여 완전하라(창 17:1).

127 아브라함은 브엘세바에 에셀 나무를 심고 거기서 영원하신 여호와의 이름을 불렀으며(창 21:33).

128 사자가 이르시되 그 아이에게 네 손을 대지 말라 그에게 아무 일도 하지 말라 네가 네 아들 네 독자까지도 내게 아끼지 아니하였으니 내가 이제야 네가 하나님을 경외하는 줄을 아노라(창 22:12).

것입니다. 솔로몬 왕은 훗날 자신이 살아온 인생을 회고하면서 "인생무상! 인생무상! 인생무상! 인생무상!"을 외치고 있습니다.[129]

솔로몬은 많은 지혜의 헛됨,[130] 희락의 헛됨,[131] 술과 향락의 헛됨을 설파합니다.[132] 이렇게 인생무상을 한탄하던 솔로몬은 결론으로 이렇게 외치고 있습니다.

> 일의 결국을 다 들었으니 하나님을 경외하고 그의 명령들을 지킬지어다 이것이 모든 사람의 본분이니라(전 12:13).

자유인과 노예

하나님 한 분만을 신으로 섬기는 사람들은 하나님 외에 우주 모

---

129 전도자가 이르되 헛되고 헛되며 헛되고 헛되니 모든 것이 헛되도다 해 아래에서 수고하는 모든 수고가 사람에게 무엇이 유익한가(전 1:2–3).

130 내가 다시 지혜를 알고자 하며 미친 것들과 미련한 것들을 알고자 하여 마음을 썼으나 이것도 바람을 잡으려는 것인 줄을 깨달았도다(전 1:17).

131 나는 내 마음에 이르기를 자, 내가 시험삼아 너를 즐겁게 하리니 너는 낙을 누리라 하였으나 보라 이것도 헛되도다(전 2:1).

132 내가 내 마음으로 깊이 생각하기를 내가 어떻게 하여야 내 마음을 지혜로 다스리면서 술로 내 육신을 즐겁게 할까 또 내가 어떻게 하여야 천하의 인생들이 그들의 인생을 살아가는 동안 어떤 것이 선한 일인지를 알아볼 때까지 내 어리석음을 꼭 붙잡아 둘까 하여(전 2:3).

든 세력으로부터 해방을 얻습니다. 참 자유자가 되는 것입니다. 그래서 주께서 “진리를 알지니 진리가 너희를 자유롭게 하리라(요 8:32).”고 하셨습니다. 반면 우상을 섬기는 자들은 모든 것의 노예가 된다는 것입니다.

너는 나 외에는 다른 신들을 네게 두지 말라.

너를 위하여 새긴 우상을 만들지 말고

또 위로 하늘에 있는 것이나 아래로 땅에 있는 것이나

땅 아래 물 속에 있는 것의 어떤 형상도 만들지 말며

그것들에게 절하지 말며 그것들을 섬기지 말라.

너는 네 하나님 여호와의 이름을 망령되게 부르지 말라

여호와는 그의 이름을 망령되게 부르는 자를 죄 없다 하지 아니하리라.

안식일을 기억하여 거룩하게 지키라.

네 부모를 공경하라.

살인하지 말라.

간음하지 말라.

도둑질하지 말라.

네 이웃에 대하여 거짓 증거하지 말라.

네 이웃의 집을 탐내지 말라.

2계명

우상을 만들지 말고…
그것들을 섬기지 말라

너를 위하여 새긴 우상을 만들지 말고
또 위로 하늘에 있는 것이나
아래로 땅에 있는 것이나 땅 아래 물 속에 있는 것의
어떤 형상도 만들지 말며 그것들에게 절하지 말며
그것들을 섬기지 말라
나 네 하나님 여호와는 질투하는 하나님인즉
나를 미워하는 자의 죄를 갚되
아버지로부터 아들에게로 삼사 대까지 이르게 하거니와
나를 사랑하고 내 계명을 지키는 자에게는
천 대까지 은혜를 베푸느니라.
_출애굽기 20장 4-6절

첫 계명과 관련하여

첫 번째 계명은 거짓된 신들을 섬기지 말라고 하면서 우리가 예배할 대상이 누구인지를 다루는 계명입니다. 두 번째 계명은 우리가 참 신을 섬길지라도 그에 합당하지 않은 방법으로 섬기는 것을 금합니다. 그리고 우리가 어떤 방법으로 참 하나님께 예배드려야 할지를 다루는 계명입니다.

나를 형상화하지 말라

형상(形象)을 가지고 하나님께 예배하는 일이나 예배를 더욱 잘 드리기 위해 형상들을 사용하는 일은 그처럼 심각한 일이라고는 생각되지 않을 수도 있습니다.[133] 또 예배란 실제적인 문제이기 때문에 눈에 보이는 것이 있어야 할 것 아니냐고 주장할 수도 있습니다. '그 형상들이 예배에 도움이 된다면 그것들을 사용하는 것은 무엇이 잘못이란 말인가요?' 라고 물을 수도 있습니다.

어떤 이들은 형상들이 예배 중에 그들의 주의를 집중시키는 데

---

133 실제로 타종교들의 공통적인 특징이 형상을 숭배하는 것입니다. 그런 면에서 본다면 천주교에서도 형상 숭배를 다른 여러 종교들보다 앞장서서 행하고 있습니다.

도움을 준다고 주장합니다. 그렇다면 과연 그 형상들이 우리에게 해를 끼친다고 할 수 있을까요? 그러나 이 둘째 계명에 "나 네 하나님 여호와는 질투하는 하나님인즉 나를 미워하는 자의 죄를 갚되 아버지로부터 아들에게로 삼사 대까지 이르게 하거니와."라는 엄중한 경고가 덧붙여져 있음을 주목해 볼 때 우리는 어리둥절할 수밖에 없습니다. 이 계명이 이처럼 심각한 것은 어째서일까요?

하나님을 멸시하지 말라

모든 종류의 형상은, 하나님의 피조물일 뿐이거나, 사람들이 만든 것일 뿐입니다. 창조주 하나님을 피조물의 수준으로 격하시킨다는 것은 그것을 창조하신 하나님을 모욕하는 일입니다. 형상들은 하나님의 영광을 어둡게 하기 때문에 하나님을 모욕하는 것입니다. 물론 형상을 숭배하는 자들은 이렇게 생각하지 않습니다. 그들은 형상이 하나님의 영광 중에서 가치 있는 그 어떤 면을 나타내 준다고 생각하고 그렇게 하는 것입니다. 그러나 물질적인 것은 그 어느 것도 하나님의 속성들을 적절히 나타낼 수 없습니다. 하나님께서는 어떤 종류의 형상이라도 만들어 숭배하는 것을 엄격히 금하셨습니다.[134]

---

134 그리하여 스스로 부패하여 자기를 위해 어떤 형상대로든지 우상을 새겨 만들지 말라

우리는 성경에서 그런 예를 볼 수 있습니다. 하나님을 향해 불평하는 이스라엘이 불뱀에 물려 죽게 되어 하나님께 구해 달라고 했을 때 구원의 방책으로 놋뱀을 만들어 장대에 달아 놓고 쳐다보게 합니다(민 21:6-9). 놋뱀은 하나님께서 당시에 불뱀에 물려 죽어 가던 이들을 구원하시기 위해 하나님의 말씀에 순종하라는 의미로 준 것임에도 후에 이스라엘은 놋뱀을 우상으로 섬기는 우를 범합니다. 이에 히스기야 왕은 우상으로 변질된 놋뱀을 부수어 버립니다(왕하 18:3-4). 우리 주님께서 달려 돌아가신 십자가가 주님의 고난을 묵상하는 데라든지, 기도를 돕기 위해 유용하다는 이유로 쓰일 수 있음에도 그것이 미신적인 것과 마찬가지입니다.

사람들이 우상을 섬기는 이유

사람들은 왜 형상을 만들어 내고 그것을 우상으로 섬기는 것일까요? 그것은 사람들이 살아가면서 스스로의 힘으로 해결할 수 없는 불행이나, 어려움으로부터 보호받고자 하는 심리에서 나오는 것입니다. 거기에 더해서 자신의 행복을 위해 도와줄 초자연적인 능력을

남자의 형상이든지, 여자의 형상이든지, 땅 위에 있는 어떤 짐승의 형상이든지, 하늘을 나는 날개 가진 어떤 새의 형상이든지, 땅 위에 기는 어떤 곤충의 형상이든지, 땅 아래 물 속에 있는 어떤 어족의 형상이든지 만들지 말라(신 4:16-18).

필요로 하는데 그 대상을 우상으로 정하는 것입니다. 따라서 우상 숭배는 사람의 욕구를 충족시켜 줄 하나의 도구로서 필요한 것입니다. 결국 우상 숭배란 인간의 욕구, 이기심을 충족시켜 주기 위한 도구에 불과할 뿐이라는 것입니다.

그런데 성도들이 하나님을 섬기는 목적은 우리의 유익을 위해서가 아니라 하나님의 영광을 위해서입니다. 여기에 우상을 섬기는 사람들과 하나님을 섬기는 사람들의 건널 수 없는 차이가 있는 것입니다.

아론이 만든 하나님

우리는 출애굽기에서 자신들의 유익을 위해 우상을 만들어 섬긴 실례를 찾아볼 수 있습니다. 모세가 율법을 받기 위해 시내 산에 올라간 지 오래지 않아, 산 아래에서 기다리고 있던 이스라엘 사람들은 점차 초조해져서 모세의 형인 아론에게 그들을 위해 우상 하나를 만들어 달라고 요구하였습니다. 그들은 모세에게 무슨 일이 생겼는지 알지 못하기 때문에 그들이 여행하는 동안 그들 앞에 서서 인도할 신이 필요하다고 주장하였습니다. 아론은 그들의 부탁을 들어 그들로부터 금과 은을 취하여 송아지를 만들었는데 이는 애굽에서 섬기던 황소 신들을 변형시킨 것입니다.

그러나 아론은 이 송아지가 다른 신을 대표하는 것이라고는 생각지 않았습니다. 오히려 그는 이 송아지가 여호와 하나님을 눈에 보이는 형태로 나타내는 것이라고 생각하였습니다. 아론은 이 우상이 이스라엘 백성을 애굽에서 인도하여 준 하나님과 동일한 것으로 여기고[135] "내일은 여호와의 절일이니라(출 32:5)."고 말하며 이것을 봉헌할 것을 공포하였습니다. 아론이 송아지를(또는 황소를) 택하였던 것은 소를 통해 하나님의 크신 능력을 표현하기 위해서였을 것입니다. 그러나 송아지나 커다란 황소라 할지라도 하나님의 참된 능력은 표현할 수가 없습니다. 아론과 이스라엘 사람들은 참으로 크신 그들의 하나님을 애굽의 무능력한 황소에 비교해 버리는 큰 실수를 저지르고 만 것입니다.

모든 우상을 무력화시키시다

지구상의 내로라하던 우상들이 집단적으로 망했던 때가 있었습니다. 이스라엘의 출애굽을 방해한 애굽은 하나님으로부터 열 가지 천벌을 받았습니다. 그런데 하나님께서 내린 재앙은 한결같이 애굽이 신으로 섬기던 우상들이었습니다. 애굽에 악질이 퍼진 것은 애굽

---

135 아론이 그들의 손에서 금 고리를 받아 부어서 조각칼로 새겨 송아지 형상을 만드니 그들이 말하되 이스라엘아 이는 너희를 애굽 땅에서 인도하여 낸 너희의 신이로다 하는지라(출 32:4).

의 모든 신들보다 탁월하신 하나님의 능력을 보여 주기 위한 것이었습니다. 또 나일강의 물을 피로 변하게 하신 것은 나일강의 신들로 섬기던 오시리스(osiris), 하피몬(hapimon), 타우렛(tauret)을 다스리실 수 있는 하나님의 능력을 보여 주기 위한 것이었습니다.

하나님은 무수한 개구리 떼가 애굽을 덮게 하심으로써 언제나 개구리의 머리와 몸을 가진 신으로 표현되는 헥트(hekt) 여신이 거짓 신임을 보여 주셨습니다. 또 애굽 땅에 내린 심판을 통하여는 땅의 신으로 섬기던 제브(geb)도 사람들이 만들어 낸 거짓 신임을 알렸습니다.

악질을 통해서, 흑암이 태양을 가려 없앰으로써 태양을 '라(ra)'신으로 섬기던 일의 부질없음과 또 바로를 계승하여 다음의 '최고의 신'이 되게끔 되어 있던 바로의 장자를 포함하여 애굽의 모든 장자에게 내린 심판을 통하여 하나님의 능력을 나타내셨던 것입니다. 이스라엘의 하나님은 이와 같은 거짓 신들의 범주에 넣어져서는 안 됩니다. 그러나 아론이 송아지를 만들어 그를 상징하게 하였던 일은 이와 같은 행위였습니다. 애굽의 우상에 깊이 물들어 있던 이스라엘은 하나님을 애굽 우상들 중 하나로 여긴 크나큰 죄를 범한 것입니다.

형상 숭배는 타락을 동반한다

참 하나님께 예배를 드린다 해도 형상을 사용해서는 안 되는 이유는 형상들이 예배하는 자로 하여금 그릇 판단하게 한다는 점입니다. 그래서 아론이 송아지를 만든 경우에서 보건대, 아론이 말한 '절일'은 하나님께서 그때 시내 산에서 모세에게 말씀하고 계셨던 거룩한 안식일과는 매우 동떨어진 종류의 것이었습니다. 아론의 절일은 진탕 먹고 마시고 떠드는 날이 되어서 하나님의 2계명뿐만 아니라 거의 모든 계명들을 어기게 되는 날이 되었습니다. 대부분의 종교의 축일들에는 반드시 먹고 마시고 취한 후 성적 문란으로 이어지는 것이 상식입니다.

위험한 상상력

하나님을 예배하는 일에 있어서만큼은 더 이상 어리석은 상상력을 발휘해 형상을 만들어서는 안 됩니다.[136] 하나님께 합당하지 않

---

136 상상력은 하나님께서 인간에게 주신 큰 선물입니다. 그러나 이 상상력이 하나님을 섬기는 일에 사용되면 큰일입니다. 존재하지도 않는 요정, 용, 도깨비, 처녀귀신, 삼신할매라든지 이런 것들을 섬기는 짓은 하지 말아야 합니다. 이런 사람들에게는 하나님의 진노가 임합니다.

은 방법으로 예배하는 일이 금해졌습니다. 그렇다면 우리는 하나님이 어떤 분이신지를 깨닫는 데 최고의 주의를 기울여 가장 합당하게 예배드려야 합니다. 하나님만이 이 우주의 유일하신 신이시요, 크고 탁월하시고 영적인 분으로 알고 이에 합당한 방법으로 전심전력을 다하여 그에게 예배해야 합니다. 우리는 이런 방법으로 그에게 예배드리는지요? 유감스럽게도 우리는 그렇게 하지 못하고 있습니다. 우리는 그를 애써 찾으며 그를 알고 그에게 합당한 방법으로 예배드리려고 힘쓰는 대신, 여전히 그로부터 돌아서서 우리 자신의 신을 만들고 있습니다. 그래서 바울은 다음과 같이 말합니다.

> 하나님을 알되 하나님을 영화롭게도 아니하며 감사하지도 아니하고 오히려 그 생각이 허망하여지며 미련한 마음이 어두워졌나니 스스로 지혜 있다 하나 어리석게 되어 썩어지지 아니하는 하나님의 영광을 썩어질 사람과 새와 짐승과 기어다니는 동물 모양의 우상으로 바꾸었느니라(롬 1:21-23).

바로 이 때문에 2계명의 끝 부분에 무서운 경고가 붙여져 있는 것입니다. 하나님께서 질투하신다고 할 때 그 질투는 우리가 말하는 식의 질투가 아닙니다. 우리가 하나님을 존경하지 않는 것은 하나님의 은혜를 잊어버리고 자만과 죄에 빠진 태도라고 할 수 있습니다. 그런 사람은 하나님의 심판을 받아 마땅합니다. 하나님은 2계명의 끝 부분에 심판을 말씀하신 동시에 그를 사랑하고 그의 계명을 지킨 자들에게는 영원히 긍휼을 베풀겠다고 약속하고 계십니다.

그러면 어떻게 할 것인가

우리가 만든 방법대로 예배를 드려서는 안 됩니다. 인간이 만든 예배는 주로 우상, 형상을 숭배하는 방향으로 치우치게 되어 있습니다. 온 세상의 모든 종교들은 말할 것도 없고 하나님을 섬긴다고 하는 천주교의 경우만 보더라도 형상 숭배를 하면서 하나님을 예배한다고 하고 있습니다. 하나님은 영이십니다. 형체가 없으신 분이십니다. 하나님께 예배를 드리는 사람들은 하나님께서 우리에게 알려 주신 법에 따라 예배를 드려야 합니다. 우리 주님께서도 '예배드리는 사람들은 신령과 진정으로 예배를 드리라'고 하셨습니다.[137] 신령이란 마음과 뜻과 정성을 다하는 것입니다. 진정이란 하나님께서 가르쳐 주신 진리의 성경 말씀입니다. 예배에 있어서 정성은 하나님 말씀대로 드리는 것이 정성입니다. 내 맘대로 드리는 것은 그것이 어떠한 정성을 다해 드렸다 해도 그것은 정성이 아니라 오히려 하나님을 멸시하는 것입니다.

---

137 하나님은 영이시니 예배하는 자가 영과 진리로 예배할지니라(요 4:24).

3계명

여호와의 이름을 망령되게 부르지 말라

너는 네 하나님 여호와의 이름을
망령되게 부르지 말라
여호와는 그의 이름을 망령되게 부르는 자를
죄 없다 하지 아니하리라.
_출애굽기 20장 7절

조심! 조심!

'망령되다'라는 말에는 불경스럽다, 모독하다, 업신여기다, 비웃다, 공허하다, 신실하지 못하다, 약속을 지키지 않다는 뜻이 있습니다. 그리고 가끔씩 상식에 어긋나고 이상한 짓을 하는 경우에도 이 말을 씁니다. 하나님을 망령되이 일컫는다 함은 하나님의 이름을 생각없이 함부로 혹은 하나님께 악의를 가지고 혹은 확인해 보지도 않고 하나님에 대해 가타부타 말하는 행위를 말합니다. 하나님의 이름을 망령되이 일컫는 구체적인 예를 들어 봅시다.

"하나님이 어디 있어?"
"지옥에 보내려면 보내 보라지."
"하나님이 천지를 만든 것이 아니야. 자연히 있었을 뿐이라고."
"뭐? 하나님이 나를 만드셨다고?"
"처녀가 애를 낳아?"[138]
"교회 다니는 사람들 다 정신나간 사람들이야."
""하나님 안 믿어도 탈 없드라."는 등의 불신자들의 망령된 언행이 있습니다.
"하나님 너무합니다."

---

138 예수님의 동정녀 탄생을 비웃는 말입니다.

"하나님 이해할 수가 없습니다."

"왜 저에게만 고통을 주십니까?"

"기도해도 응답하지 않으시는군요." 등 신자들의 망령된 언행도 얼마든지 있습니다.

무식이 사람 망친다

마땅히 공경하고 섬겨야 할 하나님의 이름을 망령되이 여기는 이유는 무엇일까요? 하나님에 대한 지식, 두려움과 사랑함과 공경심 없이는 하나님의 이름을 망령되이 여기기 쉽습니다. 특별히 하나님을 아는 지식이 없으면 자신의 악하고 미련한 생각을 따라 하나님을 평가할 수밖에 없습니다. 그런데 하나님에 대한 사람의 본성적인 지식은 거의 백지상태에 가깝습니다. 그럼에도 사람들은 하나님을 향한 자신의 지식이 얼마나 불완전하고 무지한지를 모른다는 것입니다. 그리고 알려고 하지도 않습니다.

하나님에 대한 지식이 있다 할지라도 잘못되거나 부정적인 지식이 하나님을 공경하는 대신 망령되이 여기게 합니다. 하나님께서 성경을 통해 가르쳐 주시는 지식 외의 하나님에 대한 지식은 모두가 잘못된 것이라고 할 수 있습니다. 따라서 사람들 스스로 탐구하거나 상상한 하나님에 대한 지식은 하나님을 기쁘시게 하기보다는 하나님의 진노를 사기에 합당한 그릇된 지식입니다.

거룩하신 하나님

이 3계명은 예수께서 제자들에게 가르쳐 주신 기도문의 "하늘에 계신 우리 아버지여 이름이 거룩히 여김을 받으시오며(마 6:9)"라는 말씀과 견주어 생각해 보아야 합니다. 하나님의 이름은 하나님의 본성을 나타내 줍니다. 따라서 그 이름을 모독하는 것은 하나님을 모독하는 것이며 그 이름을 거룩히 하는 것은 그를 공경함을 의미합니다. 하나님의 여러 가지 이름들은 찬송을 받으시기에 합당한 그의 여러 가지 성품들을 나타내 주는 것입니다. 우리는 그가 지닌 특성의 어떤 면을 높이고자 할 때에 그의 이름을 거룩하게 불러야 합니다.

거룩히 여긴다

하나님의 이름을 부를 때는 우리의 마음이 하나님에 대하여 생각하는 것과 우리의 혀가 말하는 것은 무엇이든지 그의 탁월하심을 나타내야 합니다. 하나님의 이름을 부를 때는 하나님의 거룩하신 이름이 지닌 고귀함에 어울려야 하며 그의 위대하심을 찬송하는 데 공헌

해야 합니다. 우리는 분별없이 또는 망령된 마음으로 그의 거룩하신 이름을 오용하지 말아야 합니다. 아무 생각없이 입버릇처럼 하나님의 이름을 부르는 것도 삼가야 합니다. 그 대신 우리는 그가 행하신 일이라고 깨닫게 된 것은 무엇이든지 그 일에 나타난 그의 지혜와 의와 선하심을 칭송해야 합니다. 이것이 바로 하나님의 이름을 거룩히 여긴다는 뜻입니다.

하나님의 이름들

하나님의 여러 가지 이름들에는 특별한 의미들이 있습니다. 하나님의 이름 중 엘로힘(Elohim)은 성경에서 가장 자주 쓰이는 이름입니다. 엘로힘은 하나님께서 존재하는 모든 것의 창조주이심을 인정하는 이름입니다. 이 이름은 성경의 첫머리에서 사용되고 있습니다. 우리말 성경은 엘로힘을 '하나님'으로 번역했습니다. 엘로힘 외에도 엘 엘리온, 여호와(야훼) 등 여러 가지 이름으로 불리워지고 있습니다. 하나님의 이름에는 하나님의 영광, 존귀, 위엄, 자비 등 하나님의 성품과 사역의 특성이 나타납니다.

엘로힘

우리말 성경에서 '하나님'으로 번역한 엘로힘(Elohim)은 해와 달과 여러 별들을 만드신 하나님으로 등장하십니다.[139] 그는 하늘을 만드신 후 하늘을 별과 달과 해와 날짐승들로 채우셨습니다. 땅을 만드시고 그 위에 나무들과 물고기, 짐승들로 채우셨습니다. 그는 남자와 여자도 만드셨습니다. 그분께서는 바로 우리 인간도 만드셨습니다. 여러분은 그분이 창조주이심을 믿고 그런 분으로 그를 공경하는지요? 만일 그렇지 않다면 여러분은 하나님의 이름을 모독하고 3계명을 범한 것이 됩니다.

엘 엘리온

하나님을 일컫는 다른 이름 중에 엘 엘리온(El Elyon)이 있는데 이것은 '지존자 하나님'을 의미합니다. 이 이름은 아브라함이 평야의 여러 왕들과 싸우고 롯을 구한 후 멜기세덱과 만난 일을 이야기하는 중에 처음 쓰이고 있습니다. 멜기세덱은 '지극히 높으신 하나님의 제사장'이었습니다(창 14:18). 엘 엘리온이란 이름은 이사야가 사탄의

---

139 태초에 하나님(엘로힘)이 천지를 창조하시니라(창 1:1).

반역을 묘사하는 말에도 나옵니다. "지극히 높은 이와 같아지리라(사 14:14)." 이 이름은 하나님의 통치와 주권을 강조하는 이름입니다. 여러분은 그를 주권자 하나님으로서 공경하십니까? 여러분이 만일 여러분을 돌보시며 자신의 약속들을 지키시는 그의 능력을 의심한다면 여러분은 그를 그런 분으로 공경하는 것이 아닙니다.

여호와(야훼)

여호와(Yahweh)라는 이름은 '스스로 있는 자'라는 뜻이며 성경에 나타나는 가장 대표적인 이름 중의 하나이기도 합니다.[140] 이 이름은 스스로 계시는 하나님, 전혀 부족함이 없으신 하나님 그리고 영원하신 하나님을 말해 줍니다. 이 이름은 하나님께서 자신을 구속자로서 계시하실 때 늘 사용된 이름입니다. 예를 들어 하나님께서는 그가 이스라엘 백성을 애굽에서 구원해 내시기 전에 모세에게 이 이름을 말씀하셨습니다. 우리는 하나님을 우리의 구세주로서 공경해야 마땅합니다. 그가 예수 그리스도 안에서 우리의 구원을 충만히 이루어 주심에 대하여 그에게 찬송을 돌려야 합니다. 이스라엘 백성

---

140 여호와께서 그의 앞으로 지나시며 선포하시되 여호와라 여호와라 자비롭고 은혜롭고 노하기를 더디하고 인자와 진실이 많은 하나님이라(출 34:6).

들은 여호와의 이름을 부르는 것이 불경하다 하여 여호와라는 이름 대신 주님(Adonai)으로 불렀습니다. 신약성경에서는 이 주님이라는 이름이 예수 그리스도에게 주어집니다.

다른 이름들

하나님의 모든 이름들은 그에 대한 무엇인가를 계시해 주며 우리는 그 각각의 이름이 의미하는 바에 따라 하나님을 공경해야 합니다. 지금까지 우리는 특별히 엘로힘, 엘 엘리온, 여호와라는 이름에 대하여 살펴보았는데, 하나님은 '여호와 이레(Yahweh Jireh)'라는 이름으로도 불리우십니다. 이 이름은 '준비하여 주시는 하나님'이란 뜻입니다. '엘 샤다이(El Shaddai)'라는 하나님의 이름은 전능하신 하나님을 부를 때 쓰이는 이름입니다.

하나님은 만왕의 왕이시며 만주의 주이십니다. 그는 아버지 하나님이시며 아들 하나님이시고 성령 하나님이십니다. 그는 시작이며 끝이십니다. 그는 옛적부터 항상 계신 이로서 하늘의 보좌 위에 앉아 계십니다. 그는 기묘자요 모사요, 능력이 많으신 하나님이시며 영원한 아버지이시고 평화의 왕이십니다.[141] 그는 우리의 피난처시

---

141 이는 한 아기가 우리에게 났고 한 아들을 우리에게 주신 바 되었는데 그의 어깨에는

며 바위시요 산성이시요, 우리가 뛰어들어가 안전히 거할 높은 탑이십니다.

그는 길이요 진리요 생명이시며 세상의 빛이십니다. 그는 생명의 떡이시며, 영생하는 음료입니다. 부활이십니다. 그는 선한 목자시요, 큰 목자시며 목자장이십니다. 그는 아브라함과 이삭과 야곱의 하나님이시며 우리 믿는 자들의 하나님이십니다. 그는 요셉과 모세와 다윗의 하나님이십니다. 그는 신약성경 저자들과 모든 사도들의 하나님이십니다.

힘써 하나님을 공경하자

이 각각의 이름들이 지닌 의미에 따라 우리가 하나님을 공경하지 않는다면 우리는 그를 모독하고 그의 계명을 깨뜨린 것이 됩니다. 그뿐 아니라 우리의 행동은 우리의 말 못지않게 중요합니다. 우리의 행동이 그리스도인으로서의 믿음을 고백하는 우리의 말과 일치하지 않을 때에는 우리의 그 말이 철저한 신앙의 고백이라 할지라도 하나님을 모독하는 것입니다.

정사를 메었고 그의 이름은 기묘자라, 모사라, 전능하신 하나님이라, 영존하시는 아버지라, 평강의 왕이라 할 것임이라(사 9:6).
여기에 쓰인 기묘자, 모사라는 말은 하나님이라는 뜻입니다.

하나님께 속한 사람들은 그의 이름을 위하여 그에 합당하게 말하고 또 자신의 행동으로도 그 이름을 거룩히 해야 합니다. 그리스도인들이 세상 사람들처럼 하나님을 대한다면 그들은 하나님의 크신 사랑을 거역한 것이며 그리스도인이라는 이름을 모독한 것입니다. 그러한 모독은 경건하지 못한 자들의 헛소리보다 더 악한 것입니다.

그렇게 따지면 누가 신앙생활 하겠느냐고 생각한다면, 그만큼 우리가 하나님을 바로 섬기지 못하고 있다는 증거일 것입니다. 하나님을 섬기는 일은 그렇게 만만히 여길 일이 아닙니다. 성경은 "너는 마음을 다하고 뜻을 다하고 힘을 다하여 네 하나님 여호와를 사랑하라(신 6:5)."고 하십니다.

그러면 어떻게 살 것인가

하나님의 이름을 망령되이 여기는 죄를 범하는 대신 전심으로 하나님을 경외하려면 어떻게 해야 할까요? 먼저는 예수 그리스도를 '내 죄를 대신해서 죽으시고, 나를 살리기 위해 다시 사신 나의 주'로 분명히 인정하고 나는 이제 주의 종이니 주인을 위해, 주인의 말씀만 따라 살 것을 분명히 결단해야 합니다. 주님을 알기를 힘써야 합니다. 주님을 아는 지식이 깊어 가면서 하나님에 대한 지식이 깊어 집니다.

결국 주님께 순종하며 산다는 것은 예수 믿음으로 우리 안에 거하시는 성령님의 인도하심을 따라서 사는 삶입니다. 성령 충만한 삶입니다. 신령한 삶입니다. 주의 말씀에 불순종하며 자신의 꿈과 욕망을 위해 살아 성령을 근심하게 해서는 안 됩니다. 찬송도 입으로만이 아니라 마음을 다해 드려야 합니다. 기도를 쉬지 말 것이로되 하나님의 뜻, 하나님의 나라를 위해 기도하기를 힘써야 할 것입니다. 범사에 사람들과 말 한 마디 하는 것도 주님 영광을 위한 것인가 생각하면서 말해야 합니다. 이렇게 성령님의 인도하심을 따라 사는 것이 하나님의 이름을 위해 사는 것입니다.

성령님의 인도는 교회를 섬기는 일을 통해 나타납니다. 교회가 예수 그리스도의 몸이기 때문입니다. 성령님은 교회를 통해서, 교회를 섬기는 헌신을 통해서 활발하게 역사하십니다.

너는 나 외에는 다른 신들을 네게 두지 말라.
너를 위하여 새긴 우상을 만들지 말고
또 위로 하늘에 있는 것이나 아래로 땅에 있는 것이나
땅 아래 물 속에 있는 것의 어떤 형상도 만들지 말며
그것들에게 절하지 말며 그것들을 섬기지 말라.
너는 네 하나님 여호와의 이름을 망령되게 부르지 말라
여호와는 그의 이름을 망령되게 부르는 자를 죄 없다 하지 아니하리라.
안식일을 기억하여 거룩하게 지키라.
네 부모를 공경하라.
살인하지 말라.
간음하지 말라.
도둑질하지 말라.
네 이웃에 대하여 거짓 증거하지 말라.
네 이웃의 집을 탐내지 말라.

4계명

안식일을 기억하여 거룩하게 지키라

안식일을 기억하여 거룩하게 지키라
엿새 동안은 힘써 네 모든 일을 행할 것이나
일곱째 날은 네 하나님 여호와의 안식일인즉
너나 네 아들이나 네 딸이나 네 남종이나
네 여종이나 네 가축이나
네 문안에 머무는 객이라도 아무 일도 하지 말라
이는 엿새 동안에 나 여호와가
하늘과 땅과 바다와 그 가운데 모든 것을 만들고
일곱째 날에 쉬었음이라
그러므로 나 여호와가 안식일을 복되게 하여
그날을 거룩하게 하였느니라.
_출애굽기 20장 8-11절

그때 그 시절

필자가 전도사로 교회를 섬기면서 고등부를 지도하던 시절의 이야기입니다. 학생회 시간에 예배당에 갔더니 미리 온 학생들이 무엇인지 진지한 토론을 하는 중이었습니다. 가만히 들어 봤더니 일주일이라는 단위가 어떻게 해서 만들어졌느냐는 것이었습니다. Sunday이니 하는 걸로 봐서는 서양 특히 이집트나 그리스에서 만들어졌을 것이다, 月이니 水니 하는 걸로 봐서 중국에서 만들어졌을 것이라는 등의 그럴 듯한 이론과 우리 조상이 만든 것이 전 세계로 퍼진 것이라는 등의 가당치도 않은 이론도 등장하더군요. 그러면서 제 의견을 물었습니다.

"전도사님은 어떻게 생각하세요?"

"그게 그렇게 심각하게 토론할 문제냐?"

"예에?"

"하나님께서 천지를 며칠 만에 만드셨냐?"

"그야 6일 동안 만드셨죠."

"7일째는?"

"아하!"

이처럼 우리 주변에는 하루의 단위, 한 주간의 단위, 달과 연한의 단

위를 하나님께서 창조하신 사실을 모르는 분들이 아직도 많습니다.[142]

안식일 · 안식년 · 희년

안식일은 하나님께서 창조의 일을 엿새 동안에 마치고서 7일째에 안식하시고 이날을 축복하여 성별하신 데에서 비롯되어 있습니다(창 2:1-3). 시내 산에서 율법이 주어지면서 안식일을 지킬 것이 다른 아홉 가지 계명과 함께 4계명으로 주어졌습니다(출 20:8-11, 31:18; 신 9:10). 그 후 이 계명은 이스라엘 백성들 사이에 지켜지고 그날을 휴식의 날로서 뿐 아니라, 하나님께 예배드리는 날로 지켜야 할 것이 명해졌습니다(레 23:3). 성경에 안식일에 대한 여러 가지 규정과 의미가 부여되고 있음에도[143] 안식일의 진정한 의미는 하나님의 하나님 되심과 하나님 백성을 하나님 백성이 되게 하는데 그 목적이 있습니

---

142 하나님이 이르시되 하늘의 궁창에 광명체들이 있어 낮과 밤을 나뉘게 하고 그것들로 징조와 계절과 날과 해를 이루게 하라(창 1:14).

143 구약성경에 나타난 안식일의 의미를 대략 살펴보면 ①하나님에 의해 정해졌으며(창 2:1-3; 출 20:11), ②육체적 휴식의 날이고(출 23:12), ③하나님에 의해 축복되고 성별되어 있고(창 2:2; 출 16:23, 31:15 등), ④그날을 지킨 일은 하나님께서 친히 본을 보여 주셨으며(창 2:2), ⑤ 하나님께 예배하기 위한 거룩한 날이고(레 23:3; 왕하 4:23; 암 8:5), ⑥ 안식일 성수의 여부는 이스라엘 공동체와 타민족을 구별하는 기준의 하나이며(출 31:13), ⑦ 그날을 지키는 것은 하나님의 축복과 속죄에 관련되어 있음을 의미한다(레 23:26-32).

다. 하나님께서 하나님의 공동체를 보존, 생육 번성시키기 위한 장치로서 안식일과 더불어 안식년, 희년 제도를 정하셨습니다.

먼저 안식년부터 살펴봅니다. 안식년은 7년마다 토지에 휴식을 주기 위해 정해진 제도입니다. 6년 동안 파종하고 거두다가 7년째에는 땅으로 쉬어 안식하게 하고 씨 뿌리는 일이라든가, 열매를 거두는 일 그리고 절로 난 곡물을 거두는 일까지도 금지되었습니다. 하나님은 여섯째 해에 일곱째 해의 것도 주시겠다고 약속하셨습니다(레 25:21). 안식년의 가장 특기할 내용은 채무의 탕감입니다(출 23:10-11; 레 25:1-17; 신 15:1-12, 31:10-13). 그 해에는 어쩔 수 없는 형편으로 종으로 팔려 갔던 이스라엘 사람들이 해방이 됩니다. 하나님께서는 이스라엘이 애굽에서 종 되었을 때 그들을 해방시킴으로 자유인이 되게 하였습니다. 하나님께서는 이들을 하나님의 존귀한 공동체로 삼으셨다. 이 공동체는 시작부터 평등한 공동체였습니다. 신분에 있어서도 모두 노예로부터 해방된 자유인이며 경제적으로도 평등하게 땅을 상속받은 평등한 사회였습니다. 하나님의 공동체가 신분과 재산상의 평등을 누린다는 것은 대단히 중요합니다. 그런데 안식년은 불가피하게 신분상의 평등을 잃어버린 이스라엘 공동체가 다시 본래의 자유로운 신분을 회복함으로 하나님의 공동체로 복귀하는 대단히 중요한 제도였습니다.

안식년이 하나님의 공동체의 기본을 이루는 신분상의 평등을 회복하는 것이라면 희년은 경제적으로 평등한 공동체를 지속적으로 유지하는 제도입니다. 희년은 안식의 해를 7회 거듭한 후에 오는 50년째의 해 또는 이스라엘에 있어서 50년째마다 찾아오는 자유와 해방의 해입니다(레 25:10-13, 30-33, 27:18a, 21; 민 36:4). 이 해에는 팔렸던 토지는 원 소유주에게로 돌아가고 노예는 모두 해방됩니다. 이 제도는 하나님의 이상 사회인 하나님 나라의 이상입니다. 하나님이 세우신 공동체가 바로 세워지기 위해서는 구성원들 간의 평등이 필수 요소입니다. 공동체 구성원의 평등은 신분상의 평등과 더불어 경제적 평등이 함께 이루어져야 합니다. 신분상의 평등과 경제적 평등은 불가분의 관계에 있습니다. 따라서 희년에는 어쩔 수 없는 상황 가운데서 땅을 팔아 기업을 잃어버린 사람들이 신분상의 회복과 더불어 기업을 완전히 회복하게 됩니다.

안식일, 안식년, 희년에 나타나는 정의, 평등, 평화, 자유, 해방 등의 개념은 하나님이 다스리시는 나라의 기본적인 복락의 상태입니다. 하나님께서는 이스라엘이라는 나라를 통해 하나님의 나라가 부분적으로나마 세상 가운데 나타나지기를 원하셨습니다. 이러한 하나님의 염원이 안식일 준수라는 규정으로 나타난 것입니다.[144]

---

144 그러면 이스라엘 역사에서 안식일, 안식년, 희년이 하나님의 말씀처럼 정당하게 이루어졌는가? 그렇지 않았다. 그들은 안식일을 형식적으로 지켜 하나님으로부터 "헛된 제물을 다시 가져오지 말라 분향은 내가 가증히 여기는 바요 월삭과 안식일과 대회로 모이는 것도 그러하니 성회와 아울러 악을 행하는 것을 내가 견디지 못하겠노

안식일은 쉬라는 날이 아니다

하나님의 안식일은 이런 안식일의 원리에 따라 지켜졌고, 이스라엘 백성의 삶에 있어서 중심적인 역할을 했습니다. 이스라엘 백성들의 삶의 주기가 안식일을 중심으로 이루어졌다는 것입니다. 이 점은 오늘날 성도들의 삶이 주일을 중심으로 이루어지는 원리와 같습니다. 안식일에 이스라엘 백성들은 성전에서 제사장들의 인도 아래 하나님께 짐승을 제물로 삼아 예배를 드렸습니다. 안식일은 성전, 제사장, 속죄 제물, 절기 등의 구약 시대 제도의 중심적인 역할을 하면서 지켜진 것입니다.

이스라엘 백성들의 안식일 준수에도 온전한 안식이 이루어지지는 않았습니다. 이는 구약의 모든 제도는 예수 그리스도를 상징하는 것이고 그리스도께서 오실 때까지만 유효한 한시적인 것인데 안식일 제도도 그러했던 것입니다. 구약의 제사장들은 영원한 대제사장이신 예수 그리스도를 상징했으며, 성전은 완전한 성전이신 예수 그리스도를 상징했고, 왕들도 만왕의 왕이신 주님을 상징했으며, 안식

라(사 1:13)."는 경고를 받았으며, 한번 산 전토는 때가 되어도 돌려 주지 않는(사 5:8) 등 안식일, 안식년, 희년의 규례를 지키지 않았다. 이스라엘이 이처럼 안식년과 희년을 지킬 것, 즉 여호와 하나님을 섬길 것을 거부하자 하나님께서는 유다를 70년 동안 포로로 잡혀가게 하시고 그동안 안식을 누리지 못했던 땅이 "이에 토지가 황폐하여 땅이 안식년을 누림 같이 안식하여 칠십 년을 지냈으니 여호와께서 예레미야의 입으로 하신 말씀이 이루어졌더라(대하 36:21)."고 한다.

일도 안식일의 주인이신 예수 그리스도를 상징했습니다. 예수 그리스도의 오심으로 구약의 모든 제도는 본래의 의미를 따라 폐하여지고 예수 그리스도로 대체되었습니다. 안식일도 주님께서 부활하신 날로 대체된 것입니다. 안식일은 이 땅에 구원을 가져오신 주님 때문에 존재하는 것입니다. 초대교회는 안식일을 삼갈 것을 요구합니다.[145]

안식일과 주일

오늘날에도 안식일을 토요일에 지켜야 한다고 주장하는 이들이 있습니다. 그렇다면 그들은 안식일뿐만 아니라 예배도 예루살렘 성전에서 드려야 하고, 예배드릴 때도 짐승을 잡아 드려야 할 것이며, 유월절, 무교절, 칠칠절 등 옛 이스라엘이 지켰던 모든 법을 다 지켜야 할 것입니다.

안식일과 주일은 상당히 다른 특징들을 지니고 있습니다. 안식일 날은 휴식을 취하고 전혀 활동하지 않았습니다. 휴식을 취하는데 실패하게 되면 엄격한 형벌이 뒤따랐습니다. 이와 대조적으로 그

---

145 그러므로 먹고 마시는 것과 절기나 초하루나 안식일을 이유로 누구든지 너희를 비판하지 못하게 하라(골 2:16).

리스도인들의 주일은 기쁨과 활동과 기대로 가득 찬 날입니다. 주일은 그리스도께서 부활하신 날입니다. 부활하신 주님께서는 흩어졌던 제자들을 다시 불러 모으시고, 가르치셨으며 성령을 주셨고(요 20:22), 그에게 속한 자들에게 전 세계에 복음을 전파하라는 임무를 맡겨 주셨습니다. 주님의 부활로 주일이 세워지고 안식일은 폐하여졌다는 사실은 초대교회에서 예배를 드리는 가운데 주일이 안식일을 대치해 버린 현상에서 알 수 있습니다.

안식일이 주일로

구약성경에는 안식일이란 단어가 자주 언급되어 있습니다. 그러나 이와는 대조적으로 사도행전에서 이 단어는 겨우 아홉 번 쓰이고 말았는데, 이 중 어느 한 경우도 그리스도인들이 이날을 지켰다고 말하고 있는 구절은 없습니다. 1장에서는 "안식일에 가기 알맞은 길(행 1:12)"이라는 구절 속에서 쓰이고 있습니다. 13장에서는 바울이 회당에 모인 유대인들에게 복음을 전파하기 위하여 안식일을 이용하고 있음을 묘사하는 가운데 네 번 쓰였습니다(행 13:14, 27, 42, 44). 그 뒤의 몇 장에 이와 비슷한 경우가 언급되어 있습니다(행 15:21, 17:2, 18:4). 성경 어디를 보아도 교회가 안식일에 모였다거나 또는 그날을 특별히 사랑하거나 관심을 기울였다는 내용은 찾을 수 없습니다. 오히려

안식 후 첫날인 주일날 예배드렸다고 합니다.[146]

신약 교회가 주님께서 부활하신 날로 안식일을 대치한 것은 당연한 결과입니다. 주일은 새로운 창조의 생명 전체가 그리스도의 부활의 생명과 연결되어 존재하게 된 날이기 때문입니다. 그리스도의 영광스러운 부활의 몸은 창조의 완성의 첫 열매인 까닭에 필연적으로 부활하신 날이 창조의 가장 중요한 기념일이 되는 것입니다. 이렇게 해서 초대교회의 사도들이나 교인들은 이레 가운데 마지막 날이 아닌 첫날에 모이기 시작했던 것입니다.

주일의 참 의미

안식일은 하나님을 창조주와 자기 백성을 구원하신 자로서 기억하기 위한 날이었습니다. 그리스도인들의 주일은 죽음을 이기고 다시 사신 주님의 부활을 기념하는 날입니다. 주님의 부활은 죄와 죽음의 노예가 되었던 우리 인생을 구원하시고 우리에게 영원한 생명과 안식을 주신 사건이었습니다. 그리스도인들은 주일을 거룩하게 지켜야 합니다. 무엇보다도 예배드리는 일을 소중히 여겨야 합니다.

---

146 그 주간의 첫날에 우리가 떡을 떼려 하여 모였더니 바울이 이튿날 떠나고자 하여 그들에게 강론할새 말을 밤중까지 계속하매(행 20:7).

성도라면 마땅히 모든 날을 주님을 위해 섬겨야 하지만 많은 시간을 분주하게 보내는 것도 사실입니다. 그러기에 주님은 그중 하루를 온전히 하나님을 예배하라고 하셨습니다. “이 귀한 시간을 맛 보아라. 예배 시간에 내가 너를 만나 주겠다. 네가 성령을 의지해 내게 예배드리면 내가 받겠다. 그리고 영생과 안식의 증거로 평강과 기쁨과 감격을 주겠다.”고 하시는 것입니다. 우리가 하나님께 예배드리는 시간처럼 귀중한 시간이 없습니다. 우리는 예배를 드리면서 우리의 평소 전 시간이 그렇게 되기를 소망합니다.

성도들의 축복은 예배드림을 통해 가장 분명하고 넉넉하게 임합니다. 하나님께서는 오늘도 예배드리는 사람들을 간절한 마음으로 찾고 계십니다. 주일날 성도들은 신령과 진정으로 예배를 드려야 합니다. 새벽 1부 예배를 드리고 일하러 가거나, 야외로 놀려가는 것은 신령과 진정으로 예배드리는 것이 아니라 형식적인 예배일 수 있습니다. 주일성수, 교회를 섬기는 일이 손해 보는 일 같지만 진정한 복의 근원이 됩니다.

5계명

네 부모를 공경하라

자녀들아 주 안에서 너희 부모에게 순종하라
이것이 옳으니라
네 아버지와 어머니를 공경하라
이것은 약속이 있는 첫 계명이니
이로써 네가 잘되고 땅에서 장수하리라.
_에베소서 6장 1-3절

두 번째 돌판

모세가 하나님께 받은 십계명은 두 개의 돌판으로 되어 있었습니다. 첫째 판의 내용은 하나님과 사람과의 관계입니다. 지금까지 살펴본 1-4계명까지가 첫째 돌판에 기록된 내용입니다. 둘째 판은 사람들끼리의 관계를 설정한 것입니다. 첫째 판을 가지고 우리는 하나님을 향하여 경건히 살아가며, 둘째 판으로서는 인간을 향하여 겸손히 살아갑니다. 이 둘째 판에 충실하지 못한 사람은 첫 번째 판에도 충실할 수 없습니다. 우리가 하나님을 알지 못하고서는 우리 자신과 다른 사람들에 대하여 충분히 알 수 없는 것과 마찬가지로, 우리는 하나님께 대하여 올바로 행동하지 않고서는 다른 이웃들에 대하여도 그렇게 할 수 없으며, 그 반대의 경우도 마찬가지입니다. 하나님을 섬기기 위해서 우리는 이웃들도 내 몸처럼 섬겨야 합니다.

부모를 공경하라

십계명의 둘째 판은 부모와 자녀와의 관계에 대한 율법으로 시작합니다. 부모와 자녀와의 관계를 다룸으로써 이 계명은 사회의 가장 소중한 단위이며 작은 단위이자 사회의 다른 모든 관계와 구조들의 근본이 되는 가족에 초점을 맞출 수 있기 때문입니다. 이 계명이 부모에 대하여 말할 때 그 안에서 우리 사회의 모든 '아버지들'과 '어머니들'이 포함되어 있습니다.

> 네 부모를 공경하라 그리하면 네 하나님 여호와가 네게 준 땅에서 네 생명이 길리라(출 20:12).

이것은 우리가 하나님께서 우리 위에 있게 하신 이들을 존경하고 그들에게 '존중과 순종과 감사'하는 마음으로 대해야 한다는 것을 의미합니다. 이 계명 이면의 어두운 배경은 인간은 본질적으로 권위를 싫어한다는 점에서 찾아볼 수 있습니다. 바로 이 때문에 하나님의 경륜에 있어서 가족이 매우 중요한 비중을 차지하고 있는 것입니다. 만일 자녀들에게 부모를 공경하도록 가르치지 아니하고, 그들이 부모에게 순종하지 아니하고 그들을 무시할 때에도 아무 제재를 받지 아니하고 넘어가게 된다면, 훗날 그들은 정당한 권위를 부여받은 대상에게도 불순종하게 될 것입니다. 심지어는 하나님의 권위에도 도전할 것입니다.

그들이 부모를 공경하지 않는다면 그들은 선생도, 신적 권위를 부여받은 목사 그리고 사람들이 뽑은 관리들과 그 밖의 사람들도 공경하지 아니할 것입니다. 그들이 자신을 낳아 준 부모를 소중히 여기지 않는다면, 그들은 하나님도 공경하지 아니할 것입니다. 이런 현상들은 우리 사회에 광범위하게 나타나 이미 위험 수위에 이르고 있습니다. 이대로 방치하다가는 가족 공동체, 사회 공동체, 교회 공동체가 심각하게 훼손될 것입니다.

대안: 자녀 교육

그러므로 우리는 이 계명으로부터 자녀들을 교육시킬 책임을 부여받습니다. 우리나라 부모들은 이상하게도 자녀 교육에 관심이 많은 것 같으면서도 정작 관심이 없습니다. 자녀 교육을 학원과 과외에 위탁해 버린 현실이 이 사실을 증명합니다. 아마도 부모들의 자녀 교육의 목표가 좋은 학교 나와서 좋은 직장 다니며 경제적으로 윤택하게 되는 것을 목표로 삼기 때문일 것입니다. 많은 신자들도 이 면에서는 크게 다르지 않는 듯합니다. 그러나 자녀 교육의 진정한 목표는 세상적 기준의 출세가 아니라 하나님을 공경하고 이웃을 사랑할 줄 아는 신앙인을 만드는 것입니다.

성경은 "마땅히 행할 길을 아이에게 가르치라 그리하면 늙어도 그것을 떠나지 아니하리라(잠 22:6)."고 말하며 "네가 네 아들에게 희망이 있은즉 그를 징계하되 죽일 마음은 두지 말지니라(잠 19:18)."고 말합니다. 자녀 교육의 일차적인 책임은 가정에 있고 다음으로는 사회에 있습니다. 건전한 사회는 건전한 자녀 교육에 의해 이루어집니다.

부모가 자녀 교육에 책임져야 하는 까닭은 이러합니다. 성경은 부모를 하나님을 대리해서 양육하는 사람으로 말합니다. "내가 날 때부터 주께 맡긴 바 되었고 모태에서 나올 때부터 주는 나의 하나님이 되셨나이다(시 22:10)."라고 함으로서 자녀가 하나님의 소유임을 말하는가 하면 "오직 주께서 나를 모태에서 나오게 하시고 내 어머니의 젖을 먹을 때에 의지하게 하셨나이다(시 22:9)."라고 하여 모태에서부터 신앙으로 자랐음을 말합니다. 사실 나면서부터 믿음 좋은 부모를 통해 신앙으로 자라 하나님의 자녀로 자랄 수 있는 것은 큰 축복입니다. 육신의 부모는 그의 자녀들을 하나님께서 가정에 잠시 맡긴 하나님의 자녀로 알고 양육해야 하는 것입니다.

그런데 자녀들을 하나님의 자녀로 양육하기 위해서는 필연적으로 자녀에 대한 신앙적인 가르침이 필요합니다. 하나님께서는 부모들에게 "…자녀를 노엽게 하지 말고 오직 주의 교훈과 훈계로 양육하라(엡 6:4)."는 명령을 하고 계십니다. 하나님께서는 "마땅히 행할 길을 아이에게 가르치라 그리하면 늙어도 그것을 떠나지 아니하리라(잠 22:6)."고 자녀 교육을 당부하십니다. 자녀 교육의 핵심은 자녀들로 하여금 하나님을 공경하게 하고 하나님을 의지하며 살아가는 법을 어려서부터 가르쳐 주라는 것입니다.

대안: 적절한 징계

자녀 교육에 있어서 징계는 매우 중요합니다. 오늘날 자녀들에 대한 징계가 방종과 극단적 억압이라는 형태로 나타나면서 자녀들 중에는 마땅히 지켜야 할 대인 관계의 규칙마저 몰라서 고생하는 경우가 많습니다. 부모는 자녀들이 본질상 진노의 자녀라는 사실을 명심하고 사랑으로 징계를 적절히 행해야 합니다. 하나님께서는 "네 자식을 징계하라 그리하면 그가 너를 평안하게 하겠고 또 네 마음에 기쁨을 주리라(잠 29:17)."고 하심으로 징계의 당위성을 부여하십니다. 그런가 하면 "채찍과 꾸지람이 지혜를 주거늘 임의로 행하게 버려 둔 자식은 어미를 욕되게 하느니라(잠 29:15)."고 하여 징계하지 못함의 위험을 경고합니다. 그런가 하면 "매를 아끼는 자는 그의 자식을 미워함이라 자식을 사랑하는 자는 근실히 징계하느니라(잠 13:24)."고 하여 진정한 자녀 사랑에 징계가 필수적임을 가르치고 있습니다.

부모가 자녀에게 징계를 행함은 주님의 엄한 명령임과 더불어 자녀의 앞날을 위함임을 명심해야 할 것입니다. 자녀가 어릴적에 징계를 받지 못하면 나이 들어 징계할 수 없습니다. 부모의 적절한 징계는 훗날 하나님의 징계를 받는 데 있어서도 잘 받아들일 수 있도록 합니다. 사람들은 누구를 막론하고 하나님의 징계를 적절하게 받으면서 인생을 살아갑니다. "징계는 다 받는 것이거늘 너희에게 없으면 사생자요 친아들이 아니니라(히 12:8)."고 하여 모든 신자에 대한 징계의 온당함을 말하고 있습니다. 따라서 부모는 자녀들을 떡잎 때부터 주의 교양과 훈계로 지혜롭게 잘 양육하여 하나님 나라를 위해 쓸모 있는 하나님의 자녀를 만들어야 할 것입니다.

본이 되는 부모

성경이 자녀에게 부모를 공경하라고 권고하는 이면에는 부모에게도 그와 똑같이 행하라는 진지한 말씀이 담겨 있습니다. 부모는 자녀가 존경할 수 있는 부모가 되어야 한다는 것입니다. 자녀들은 그들의 부모를 항상 존중해야 마땅합니다. 즉 부모에게서 부족함을 발견하더라도 충분한 존경과 사려로 대해야 합니다. 그렇지만 자녀들은 존경할 만하지 못한 이들, 예를 들어 주정뱅이나 방탕하고 무책임한 부모에 대해서는 마음껏 공경할 수가 없을 것입니다. 그러나 경건하고 정직하며 열심히 일하고 신실하며 남에게 동정을 베풀 수 있고 또 지혜로운 부모님께는 정성을 다해 공경할 것입니다.

너는 나 외에는 다른 신들을 네게 두지 말라.
너를 위하여 새긴 우상을 만들지 말고
또 위로 하늘에 있는 것이나 아래로 땅에 있는 것이나
땅 아래 물 속에 있는 것의 어떤 형상도 만들지 말며
그것들에게 절하지 말며 그것들을 섬기지 말라.
너는 네 하나님 여호와의 이름을 망령되게 부르지 말라
여호와는 그의 이름을 망령되게 부르는 자를 죄 없다 하지 아니하리라.
안식일을 기억하여 거룩하게 지키라.
네 부모를 공경하라.
살인하지 말라.
간음하지 말라.
도둑질하지 말라.
네 이웃에 대하여 거짓 증거하지 말라.
네 이웃의 집을 탐내지 말라.

6계명

살인하지 말라

살인하지 말라.

_출애굽기 20장 13절

사람 목숨은 천하보다 귀하다

인간의 생명이 신성하다고 합니다만 우리 사회에 나타나는 현상은 오히려 그 반대인 생명 경시 현상입니다. 타인을 죽이거나 스스로 목숨을 끊어 버리는 생명 경시 현상이 증가일로에 있습니다. 2004-2015년까지 대한민국의 자살율이 세계 1위입니다. 사소한 말다툼 때문에, 얼마 되지 않는 돈을 빼앗기 위해, 입원비가 없다는 이유로, 빚을 지불하지 못해서, 유흥비 마련을 위해서 사람들의 생명을 죽이거나, 죽어 버리는 모습을 보면서 많은 이들은 가슴앓이를 합니다. 더구나 요즘은 장래가 구만리 같은 젊은이들이 입시에 허덕이다가 스스로 아파트 난간에서 투신하여 목숨을 끊어 버리는 일과 빚에 몰려 자살하는 일도 흔해졌습니다. 이처럼 생명에 대한 경시 현상이 일반화된 인간 세상에 하나님께서는 "사람의 생명은 천하보다 귀하다."고 선언하십니다.[147]

---

147 사람이 만일 온 천하를 얻고도 제 목숨을 잃으면 무엇이 유익하리요 사람이 무엇을 주고 제 목숨과 바꾸겠느냐(마 16:26).

분노가 사람을 죽인다

예수님께서 사시던 당시 그리고 훨씬 이전부터 이스라엘의 지도자들은 살인은 단지 외적인 행동일 뿐이라고 정의 내려 왔으며, 그렇기 때문에 십계명은 그런 행동만을 가리켜 말한 것이라고 가르쳐 왔습니다. 그러나 주님의 견해는 다릅니다.

> 옛 사람에게 말한 바 살인하지 말라 누구든지 살인하면 심판을 받게 되리라 하였다는 것을 너희가 들었으나 나는 너희에게 이르노니 형제에게 노하는 자마다 심판을 받게 되고 형제를 대하여 라가라 하는 자는 공회에 잡혀가게 되고 미련한 놈이라 하는 자는 지옥 불에 들어가게 되리라(마 5:21–22).

'사람을 죽이는 것만이 살인의 전부냐?'라고 예수께서 물으셨습니다. '부당하게 죽이는 행위만이 살인이냐?라는 태도에 대하여는 그렇게 말할 수 없느냐? 누군가를 죽이려 계획했으나 실패한 사람에 대하여는 뭐라고 할 수 있느냐? 또는 죽이기를 원하였으나 체포될 것을 두려워하여 그렇게 하지 못한 자에 대하여는 어떻게 말할 것이냐? 표정이나 말로써 사람들에게 상처를 입히는 자에 대하여는 어떻게 생각하느냐?' 인간은 이와 같은 여러 가지 경우에 차이를 둡니다. 그리고 인간의 법의 관점에서 보면 이렇게 하는 것도 옳은 태도

이기는 합니다. 그러나 하나님께서는 사람의 마음을 보십니다. 그러므로 그에게는 외적인 행동뿐만 아니라 내적 태도도 관계가 있는 것입니다. 예수님께서는 사람을 향하여 분노를 품는 것까지도 살인으로 간주하십니다.

욕 한 번 한 걸 가지고

6계명이 노하는 것만을 금하고 있는 것은 아닙니다. 예수님의 말씀에 따르면, 하나님께서는 누군가를 모욕하는 말조차 용서하지 않으실 것입니다. "…형제를 대하여 라가라 하는 자는 공회에 잡혀가게 되고 미련한 놈이라 하는 자는 지옥 불에 들어가게 되리라(마 5:22)."고 하셨는데 '라가'라는 말은 '경멸하다'는 뜻을 지닌 말입니다. 그러나 이 말은 그 의미보다도 그 소리가 사람들에게 더욱 모욕을 느끼게 하는 말입니다. 이 말은 '아무짝에도 쓸모없는 놈'이라는 뜻이며, '바보'라는 뜻도 됩니다. 이 말은 도덕적으로 바보인 사람을 뜻합니다. 즉 '바보짓을 하는' 사람을 말합니다.

우리 사회에서 흔히 쓰이는 '병신 같은 자식', '미친 놈', '한심한 녀석' 등의 말이 이에 해당합니다. 이런 말들은 누군가의 명예에 수치를 끼치는 효과를 지닌 말입니다. 주님께서는 이 단어들을 통하여 하나님의 표준으로 볼 때에는 누군가를 비방하는 말이나 그와 같은 어떤 말도 6계명을 깨뜨리는 것이라고 가르쳐 주신 것입니다.

인간 존재의 가치

사람을 죽인다거나 사람에 대해 분노한다거나, 함부로 경멸하는 말을 하는 행위가 큰 죄가 되는 것은 결국 인간 존재의 가치와 직결되는 문제입니다. 하나님께서 사람의 생명을 천하보다 귀하게 여기시는 이유는 자명합니다. 하나님께서 인간을 하나님의 형상을 따라 만드셨기 때문입니다. 인간은 완전히 타락했음에도 하나님의 형상이 희미하게나마 남아 있기 때문에 만물보다 뛰어난 존귀한 존재입니다. 더구나 성령으로 거듭난 신자들은 하나님의 형상이 근본적으로 회복되었습니다. 하나님의 형상을 소유했다는 이유 하나만으로 이미 인간은 누구를 막론하고 천하보다 존귀한 존재입니다.

따라서 사람이 다른 사람을 업신여긴다는 것은 단순히 사람을 경멸하는 행위를 능가하여 하나님을 업신여기는 행위로 이어지는 것입니다. 어느 누구도 어느 누구를 업신여길 권리가 없습니다. 마찬가지로 어떤 사람도 다른 이들로부터 멸시당하지 않고 존귀하게 여김 받으며 살 권리가 있습니다.

나도 별 수 없구나

이 계명에 대한 이러한 해석은 우리 자신의 본질을 깊이 살펴보도록 해 줍니다. 의로운 분노와 같은 것도 있을 수 있다거나 죄에 대하여 분노하는 것과 죄인에 대하여 성을 내는 것은 구별 지어야 마땅하다는 등의 말이 우리를 크게 위로하지는 못합니다. 물론 의로운 분노가 있기는 합니다. 그러나 우리의 분노는 그와 같은 성질의 것이 아닙니다. 우리는 자주 부당하게 화를 내곤 합니다. 그렇다면 이처럼 화를 내는 것도 살인죄에 해당될까요? 예수님의 정의에 따르면 그렇습니다. 적의를 품고 있는 것, 다른 이들에 대해 수군거리며 비방하는 말, 자신을 다스리지 못하는 분노, 태만과 원한과 질투, 이 모든 것이 마음속으로 상대방을 살인하는 것입니다. 그뿐 아니라 우리는 이보다 훨씬 악한 일들도 합니다. 이것이 우리 인생입니다. 하나님의 자비하심 외에는 달리 가능성이 없는 것이 우리의 모습입니다. 이런 우리의 죄 때문에 주님께서 우리 대신 살해당하신 것입니다.

7계명

간음하지 말라

간음하지 말라.

_출애굽기 20장 14절

간음의 의미

7계명 역시 매우 간단히 "간음하지 말라(출 20:14)"고 되어 있습니다. 구약성경에서 간음이란 배우자 외의 사람과 성적인 관계를 맺는 것을 말합니다. 주님은 이 계명 역시 산상수훈을 통해 상세히 설명해 주셨습니다. 주님은 이것 역시 외적인 행동뿐만 아니라 마음의 생각과 의도와도 관계가 있다고 말씀해 주셨습니다. 그뿐 아니라 주님께서는 이 말씀 뒤에 이혼의 부당함을 말씀하시면서 결혼을 올바르게 존중할 것도 가르쳐 주십니다. 주님은 다음과 같이 말씀하십니다.

> 또 간음하지 말라 하였다는 것을 너희가 들었으나 나는 너희에게 이르노니 음욕을 품고 여자를 보는 자마다 마음에 이미 간음하였느니라…또 일렀으되 누구든지 아내를 버리려거든 이혼 증서를 줄 것이라 하였으나 나는 너희에게 이르노니 누구든지 음행한 이유 없이 아내를 버리면 이는 그로 간음하게 함이요 또 누구든지 버림받은 여자에게 장가드는 자도 간음함이니라(마 5:27-28, 31, 32).

율법에 대한 예수님의 관점에 따르면 미움이 살인하는 것과 마찬가지로 음욕 역시 간음과 같은 것입니다. 하나님께서 제시하신 표준은 결혼 전에는 순결할 것과 결혼 후에는 배우자에게 신실할 것입니다.

기준이 다르다

성경의 표준과 현대의 도덕성 사이의 갈등이 가장 분명하게 드러나는 점은 바로 일곱 번째 계명입니다. 대중매체는 성(性)이란 미끼를 사용하여 상업주의를 부채질하고 쾌락의 추구를 선동합니다. 텔레비전은 우리의 안방에까지 성으로 포장된 광고를 내보내며, 영화쪽은 더욱 악한 상황이어서, 시내 중심가에서 버젓이 미성년자 관람불가의 에로 영화나 스릴 넘치는 공포 영화를 상영하고 있습니다. 스포츠 신문은 수년 전만 하더라도 지나치다고 생각되었을 그런 내용들을 사진과 함께 광고를 내보내고 있으며 좋은 신문이라면 몇 년 전에는 싣지 않았을 성범죄들을 자극적으로 보도하고 있습니다.

언론매체와 통속적인 쾌락주의 그리고 뉴에이지의 어지러운 영향 아래 '어떤 일이든 좋다고 생각되면 실행하라. 간섭받지 말라.'는 외침이 우리 시대의 표어가 되어 버렸습니다. 우리는 이러한 새 표준을 받아들일 수 없습니다. 십계명에 나타난 하나님의 계명과 산상수훈에 비추어 볼 때, 우리 그리스도인들은 '아니오'라고 대답해야 합니다. 그러나 동시에 우리는 기독교의 표준은 너무도 어렵고 우리 자신의 본능과는 크게 어긋나는 것이어서 개인적으로는 우리 자신과 우리 사회 둘 다에 무엇인가 잘못된 점이 분명히 있다는 것을 솔직히 인정해야 합니다.

순결한 사람

우리는 모든 이들이 죄인이며 그리스도인들도 성적인 범죄와 그의 악용에 대하여 언제나 자동적으로 승리하는 것은 아니라는 사실도 인정해야 합니다. 이 계명이 우리에게 가르쳐 주는 긍정적인 교훈은 결혼 전에는 순결을 지키고 결혼 후에는 배우자에게 충실하라는 것입니다. 우리는 우리의 외적인 행동뿐만 아니라 내적인 생각까지도 고려해 본다면 결혼 전에 순결하지도 아니하였으며 결혼 후에 충실하지도 않았음을 발견하게 됩니다. 여기에 하나님의 도우시는 은혜가 필요합니다.

제 8계명

도둑질하지 말라

도둑질하지 말라.

_출애굽기 20장 15절

도둑질은 하나님 것을 훔치는 것이다

도둑질이란 남의 것을 훔치는 행위를 말합니다. 도둑질하지 말아야 한다는 것은 인류에게 일반적으로 받아들여지는 도덕적인 표준입니다. 그러나 성경적 신앙만이 그 일이 왜 잘못된 일인지를 설명해 줍니다. 즉 다른 사람이 정당하게 소유하고 있는 것은 하나님께서 그에게 잠시 맡기신 것이기 때문에 도둑질은 결국 하나님의 것을 훔치는 행위라는 것입니다. 그러므로 다른 사람의 것을 훔치는 것은 하나님께 대하여 죄를 범하는 것입니다. 물론 도둑질은 다른 사람에게 끼치는 죄이기도 합니다. 상대방이 그 손실을 감당할 수 없을 경우 그에게 해를 입히는 것이 됩니다.

도둑질은 또 언제나 도둑질한 사람의 명예를 실추시킵니다. 왜냐하면 우리는 더 이상 그를 존경하거나 사랑할 가치가 없는 자로 여겨 버리기 때문입니다. 그러나 우리가 이렇게 그를 대할 때조차 우리는 하나님께 죄를 범하는 것입니다. 왜냐하면 그 사람에게 가치를 부여해 주신 분은 바로 하나님이시기 때문입니다.

우리는 다윗의 위대한 신앙고백에 이러한 생각이 나타나 있음을 볼 수 있습니다. 다윗은 밧세바에게서 명예를 훔치고 또 그 남편의 생명까지 취했음에도 하나님께 대하여 "내가 주께만 범죄하여 주의 목전에 악을 행하였사오니…(시편 51:4)."라고 말하였습니다.

도둑질의 참 의미

우리가 어떤 집을 부수고 들어가 그 집주인의 소유물을 빼앗아 달아난 일이 없다는 이유로 이 계명을 지켰다고 생각해서는 안 됩니다. 우리로부터 무엇인가를 도둑질 당할 대상에는 여러 가지가 있습니다. 즉 그 대상은 하나님일 수도 있으며 우리의 이웃 또는 우리 자신도 될 수 있습니다. 또 도둑질하는 방법에도 여러 가지가 있습니다. 즉 문자 그대로 훔치는 일 또는 폭력이나 기만하는 일도 도둑질하는 것입니다. 또 우리의 도둑질하는 목표물도 여러 가지가 있습니다. 즉 그것은 돈, 시간 또는 어느 사람의 명예가 될 수도 있습니다.

도둑놈

우리가 만일 마땅히 드려야 할 예배를 하나님께 드리지 못하고 또는 그분의 일보다도 자신의 일에만 몰두한다면, 그것은 하나님의 것을 도둑질하는 것이 됩니다. 우리가 개인적인 일에만 시간을 소비하고 하나님의 은혜를 다른 이들에게 알리는 일을 태만히 하는 것도 하나님으로부터 시간을 도둑질하는 것입니다. 직장에서 할 수 있는 능력이 있는데도 최선을 다해 직업에 충실하지 않거나, 휴식 시간을 늘리거나 일찍 퇴근해 버리면 그것은 고용주로부터 시간을 도둑질하는 것이라 할 수 있습니다. 정당하게 지불해야 할 임금을 가로챈다거나, 어떤 방식으로든 임금을 착취하는 행위도 도둑질입니다.

작업에 쓰이는 원료를 낭비하거나 사업상의 일보다도 사적인 일로 전화를 오래 쓴다거나 하는 일이 바로 도둑질하는 것입니다. 또 우리가 상인으로서 파는 물건에 너무 높은 가격을 책정하거나, 돈벌이가 되는 일이라면 남을 '죽이는' 일조차 불사한다면 그것이 바로 도둑질하는 것입니다. 또 우리가 파는 물건이 좋지 않은 것임에도 그것을 실제보다 좋은 것처럼 꾸민다면 이것도 도둑질이라 할 수 있습니다.

나도 도둑놈인가?

사람은 본래 죄인이기 때문에 가만 내버려 두면 자연히 도둑놈이 됩니다. 우리가 고용주로서 고용인들의 작업 환경이 그들의 건강을 해치게 되었거나 충분한 보수를 지급해 주지 않는다면 이것도 도둑질하는 것입니다. 우리는 다른 사람의 돈을 잘못 사용함으로써도 도둑질합니다. 즉 남에게 돈을 빌려 그것을 약속한 때에 갚지 않거나 또는 전혀 갚지 않는다면 이것은 도둑질입니다.

우리는 자신의 재능을, 즉 그것이 시간이 되었든 또는 돈이 되었든, 하나님을 위해서가 아닌 자신을 위해 낭비해 버림으로써 자신에게서 도둑질합니다. 다른 사람들은 생계유지에 필요한 것, 즉 음식, 의복, 집 또 의료 혜택도 받지 못하고 살아가는데도 자신은 사치에만 몰두하고 있다면 이것도 도둑질입니다. 돈을 저축하고 모아들이는 데에만 너무 집착하여 자신에게 꼭 필요한 것도 자신에게 베풀지 못하고 살아간다면 이것 역시 도둑질이라 할 수 있습니다.

도둑질 않고 살기 위해

우리가 우리의 이웃에게 속한 것들을 빼앗지 말아야 한다면 이것은 우리가 그 이웃이 가진 잠재적 능력을 최대한으로 살릴 수 있도록 도움으로써 그들이 더욱 번창하는 데 우리의 모든 힘을 사용할 수 있습니다. 주님께서는 우리의 이런 의무를 황금률에 담아 주셨습니다.

> 그러므로 무엇이든지 남에게 대접을 받고자 하는 대로 너희도 남을 대접하라 이것이 율법이요 선지자니라(마 7:12).

주님께서는 소극적으로 도둑질을 금하기보다는 적극적으로 이웃을 사랑하고 이웃에게 선을 베풀라고 하십니다. 성도들이 부지런히 일해서 얻는 것으로 교회를 섬기고 구제에 힘쓰는 것처럼 아름다운 것이 없습니다.

너는 나 외에는 다른 신들을 네게 두지 말라.
너를 위하여 새긴 우상을 만들지 말고
또 위로 하늘에 있는 것이나 아래로 땅에 있는 것이나
땅 아래 물 속에 있는 것의 어떤 형상도 만들지 말며
그것들에게 절하지 말며 그것들을 섬기지 말라.
너는 네 하나님 여호와의 이름을 망령되게 부르지 말라
여호와는 그의 이름을 망령되게 부르는 자를 죄 없다 하지 아니하리라.
안식일을 기억하여 거룩하게 지키라.
네 부모를 공경하라.
살인하지 말라.
간음하지 말라.
도둑질하지 말라.
네 이웃에 대하여 거짓 증거하지 말라.
네 이웃의 집을 탐내지 말라.

제 9계명

거짓 증거하지 말라

네 이웃에 대하여 거짓 증거하지 말라.

_ 출애굽기 20장 16절

증인을 찾습니다

"20××년 ○월 ○일 ○시경 ○○장소에서 교통사고를 목격하신 분을 찾습니다. 후사하겠습니다." 차를 타고 도로를 달리다 보면 이런 종류의 현수막이 가끔 눈에 보입니다. 검찰에서 범인으로 심증은 가는데 증인이 없어 어쩌지를 못한다고 하는 기사도 많습니다. 그런가 하면 대가를 받고 거짓 증거를 한 까닭에 억울한 누명을 쓰고 고생한 사람들이 우리나라 역사에만도 적지 않습니다. 이처럼 증인의 증언은 대단히 중요합니다.

이웃 사랑

앞의 8계명에서 우리는 이웃의 명예를 도둑질하는 경우에 대하여 말하였는데 그때 이미 우리는 9계명을 예상할 수 있었습니다.

> 둘째는 이것이니 네 이웃을 네 자신과 같이 사랑하라 하신 것이라 이보다 더 큰 계명이 없느니라(막 12:31).

이 계명은 사랑하라는 명령을 적절히 표현하는 것으로서 이웃의 권리에 관심을 기울일 것을 명하는 일련의 계명들 중 제일 마지막입니다. 우리가 다른 사람들을 비방한다면 우리는 그들로부터 명성과 사회적 지위를 도둑질하는 것입니다. 이 계명은 법정에서만 적용될 수 있는 것이 아닙니다. 물론 이 계명은 위증을 가리켜 말한 것이기도 합니다. 그러나 이 계명에는 온갖 형태의 악평과 중상, 모든 잡담, 거짓말과 사실에 대한 고의적인 과장이나 왜곡 등을 포함하기도 합니다. 우리는 고약한 소문에 귀 기울이거나 그것을 전하고, 누군가의 손해를 비웃고, 잘못된 인상을 갖게 하며, 어떤 말이 사실이 아닌 것을 알고도 교정하지 아니하고 또 우리의 말 뿐만이 아닌 침묵으로도 거짓 증거할 수 있습니다.

참된 것을 말하라

그러나 다른 사람들에 대한 이 같은 의무가 우리가 지켜야 할 의무의 전부는 아닙니다. 우리는 거짓 증거나 맹세로 다른 사람에게 해를 끼칠 수 있을 뿐만 아니라 진실하지 못함으로 인하여 하나님께 모욕을 가하기도 합니다. 하나님은 진리의 하나님이시며 거짓을 싫어하십니다(사 65:16). 하나님께서는 "그런즉 거짓을 버리고 각각 그 이웃과 더불어 참된 것을 말하라 이는 우리가 서로 지체가 됨이라(엡 4:25)."고 하십니다. 또 하나님께 순종하는 자는 "불의를 기뻐하지 아니하며 진리와 함께 기뻐(고전 13:6)." 합니다. 진리는 그리스도인의 생명입니다. 진리를 따라 사는 그리스도인은 거짓 증거를 할 수 없습니다.

진리와 함께 기뻐하라

물론 이것은 진실하려고 노력하는 사람이면 누구나 알고 있듯이 쉬운 일이 아닙니다. 거짓을 말하거나 최소한 진실을 숨기는 일이 절실한 것처럼 보이는 상황도 있으며 또 진실을 말하는 것이 불가능한 것처럼 생각되는 상황이 있기도 합니다. 그러나 인간에게는 불가능하게 보일지라도 하나님께는 모든 일이 가능합니다(고전 13:6). 그러면 우리는 이 분야에 있어서 어떻게 성장할 수 있을까요? 우리는 "…마음에 가득한 것을 입으로 말함이라(마 12:34)."는 사실과 우리의 마음은 오직 주 예수 그리스도께 사로잡힐 때에만 변화할 수 있다는 사실을 깨달음으로써 시작할 수 있습니다. 우리의 마음에 육신의 정욕이 가득 차 있다면 우리는 자신의 이익을 위해서 진리를 숨기는 일을 피할 수 없을 것입니다. 그러나 진리가 우리의 마음을 채울 때, (이 일은 그리스도께서 그렇게 해 주실 때에야 가능한데) 그때 우리가 하는 말은 날마다 진실해지며 유익한 것이 될 것입니다.

예수의 증인

성도는 거짓 증거 대신 진리를 증거하는 사람들입니다. 성도는 예수의 증인으로 부름을 받았습니다. 예수 그리스도의 복음을 증거하는 아름다운 입으로 거짓을 증거할 수는 없을 것입니다. 성도가 예수 그리스도의 복음을 증거하고, 예수 그리스도의 몸인 교회를 증거하며, 교회를 자랑할 때 하나님께서는 성도가 증거하는 진리로 영광을 받으실 것입니다.

너는 나 외에는 다른 신들을 네게 두지 말라.
너를 위하여 새긴 우상을 만들지 말고
또 위로 하늘에 있는 것이나 아래로 땅에 있는 것이나
땅 아래 물 속에 있는 것의 어떤 형상도 만들지 말며
그것들에게 절하지 말며 그것들을 섬기지 말라.
너는 네 하나님 여호와의 이름을 망령되게 부르지 말라
여호와는 그의 이름을 망령되게 부르는 자를 죄 없다 하지 아니하리라.
안식일을 기억하여 거룩하게 지키라.
네 부모를 공경하라.
살인하지 말라.
간음하지 말라.
도둑질하지 말라.
네 이웃에 대하여 거짓 증거하지 말라.
네 이웃의 집을 탐내지 말라.

10계명

탐내지 말라

네 이웃의 집을 탐내지 말라
네 이웃의 아내나 그의 남종이나 그의 여종이나
그의 소나 그의 나귀나
무릇 네 이웃의 소유를 탐내지 말라.
_출애굽기 20장 17절

무섭도다 탐심이여

10계명은 모든 계명들 중에서도 가장 무서운 것이라 할 수 있습니다. 왜냐하면 이 계명은 율법의 내적인 성격을 다루고 있기 때문입니다. 탐심은 외적인 탐심의 행위로 표현될 수도 있고 또 그렇지 않을 수도 있는 내적인 성질의 태도입니다. 그뿐 아니라 이 탐심은 거의 모든 것을 대상으로 삼을 수 있습니다. 성경 본문은 다음과 같습니다.

> 이는 세상에 있는 모든 것이 육신의 정욕과 안목의 정욕과 이생의 자랑이니 다 아버지께로부터 온 것이 아니요 세상으로부터 온 것이라 이 세상도, 그 정욕도 지나가되 오직 하나님의 뜻을 행하는 자는 영원히 거하느니라(**요일 2:16, 17**).

통일이 싫어

"우리의 소원은 통일"이라는 노래와 달리 통일은 우리 시대의 젊은이들에게는 더 이상 소원이 아닙니다. 요즘 많은 초등학생, 중·고등학생들이 통일을 원하지 않는다고 합니다. 이런 현상은 젊은이들만 아니라 기성세대에서도 광범위하게 나타나고 있습니다. 이유는 못사는 북한 동포들과 가난을 조금이나마 나누기 싫다는 것입니다. 우리 먹고 살 것도 부족한데 뭘 주느냐는 것입니다. 열 번째 계명은 오늘날에도 참으로 잘 적용되며 우리의 물질주의적인 문화의 뿌리를 참으로 예리하게 파헤치기도 합니다.

우리의 물질주의에 나타난 한 가지 불쾌한 요소는 우리가 다른 이들의 필요에 냉혹하리만큼 무관심하다는 것입니다. 그리고 이런 무관심은 흔히 점점 더 증가해 가는 경향이 있어서 북녘 동포들에 대한 무관심, 도시 빈민들에 대한 무관심, 농어촌 주민들에 대한 무관심, 고아와 노인들에 대한 무관심, 세상의 소외된 이들에 대한 무관심으로 확산됩니다. 무관심을 넘어 증오합니다.

욕망에는 커트라인이 없다

더욱 불쾌한 사실은 우리가 넘치도록 부와 기회를 부여받았음에도 터무니없이 이에 만족하지 못한다는 점입니다. 사실 우리 사회의 모든 사람이 부유한 것은 아니어서, 합리적인 방법으로 자신의 몫을 늘리려고 하는 시도, 특히 우리가 경제적으로 저소득층에 속할 때 그런 일은 본질적으로 그른 것은 아닙니다. 그런 시도 자체는 탐심이 아닙니다. 그러나 내가 아닌 다른 사람이 그 무엇인가를 누리고 있기 때문이라는 그 이유 하나만으로 그 무엇을 차지하려고 하는 것은 잘못된 것입니다. 또 더 부족한 것이 없음에도 계속해서 소유하려 한다면 그것도 잘못된 것입니다. 부족하나마 자신이 소유한 재산에 만족하지 못하는 것도 잘못입니다. 불행히도 대중매체는 바로 이 탐심을 우리 안에 주입시키기로 작정한 듯이 보입니다.

죄와 벌

우리는 십계명에 표현되어 있는 하나님의 율법을 마치기 전에 반드시 이것을 우리 자신에게 적용시켜야 합니다. 우리는 하나님께서 인간에게 요구하시는 행동의 표준이 나타나 있는 열 가지 분야를 살펴보았습니다. 우리가 이 계명들을 바라볼 때에 우리는 자신이 이미 심판 받았음을 깨닫습니다. 즉 우리는 우리가 마땅히 해야 할 그대로의 방법으로 하나님께 예배드리지도 않았고, 우상들을 섬겨온 것입니다. 또 우리는 하나님의 이름을 충분히 영화롭게도 아니하였으며 주의 날에 기뻐하거나 그날에 주를 위해 온전히 봉사하지도 아니하였습니다. 우리는 땅에서의 부모님께 행할 의무를 태만히 하였고, 문자 그대로는 아니더라도 분노와 표정으로 살인하기도 하였습니다. 또 생각으로 그리고 아마도 행동으로도 간음죄를 범하였으며, 항상 진실한 것도 아니었습니다. 또 우리는 이웃의 것을 얻고 싶어

했으며 또 그것을 가지려고 일을 꾸미기도 하였습니다. 하나님께서는 죄 안에 있는 우리를 바라보고 계십니다.

> 지으신 것이 하나도 그 앞에 나타나지 않음이 없고 우리의 결산을 받으실 이의 눈 앞에 만물이 벌거벗은 것 같이 드러나느니라(히 4:13).

우리에 대한 하나님의 반응은 어떠한가요? 그는 분명 우리를 용서하지 않으십니다. 왜냐하면 우리가 아무리 원하더라도 그는 죄를 용서하실 수 없는 공의로운 분이시기 때문입니다. 오히려 그는 결코 죄를 깨끗하게 해 주시지 않을 것이라고 말씀하십니다. 그는 "죄의 삯은 사망(롬 6:23)"이라고 가르치십니다. 이제 곧 심판이 실행될 것입니다.

최후의 소망

그러면 우리는 무슨 일을 할 수 있나요? 우리 자신만으로는 아무것도 할 수 없습니다. 그러나 복음의 영광은 바로 우리가 혼자만 남겨진 것이 아니라는 사실에 있습니다. 우리는 율법으로써 심판을 받고, 그 표준에 미치지 못함이 드러났습니다. 그러나 하나님께서는 멸망받을 죄인들을 위해 예수 그리스도를 보내셨습니다. 그는 율법의 심판을 받아 완전하신 분으로 드러나신 분이십니다. 그가 우리를 대신하여 죽으심으로 우리가 마땅히 받아야 할 심판을 담당하셨습니다. 이는 하나님께서 우리를 그의 의로 옷 입히시기 위한 길을 마련하시기 위함이었습니다. 성경은 '죄의 삯은 사망'이라는 가르침을 넘어서 "하나님의 은사는 그리스도 예수 우리 주 안에 있는 영생(롬 6:23)."이라는 사실도 가르쳐 줍니다. 율법은 우리가 그리스도로 말미암아 의로워지는 것을 필연적으로 만들었습니다. 율법은 우리가 자신의 부패한 행위에서, 우리의 유일한 소망이신 구세주께 돌아서게 합니다.